प्रेरणापुंज

किरण बेदी

AF540589

प्रेरणापुंज
किरण बेदी

तेजपाल सिंह धामा

प्रकाशक
प्रभात प्रकाशन प्रा. लि.
4/19 आसफ अली रोड, नई दिल्ली–110002
फोन : 011–23289777 • हेल्पलाइन नं. : 7827007777
इ–मेल : prabhatbooks@gmail.com ❖ वेब ठिकाना : www.prabhatbooks.com

संस्करण
2025

सर्वाधिकार
सुरक्षित

पेपरबैक मूल्य
तीन सौ रुपए

मुद्रक
आर–टेक ऑफसेट प्रिंटर्स, दिल्ली

———— ★ ————

PRERNAPUNJ KIRAN BEDI
by Shri Tejpal Singh Dhama

Published by **PRABHAT PRAKASHAN PVT. LTD.**
4/19 Asaf Ali Road, New Delhi-110002

ISBN 978-93-5186-455-4

₹ 300.00 (PB)

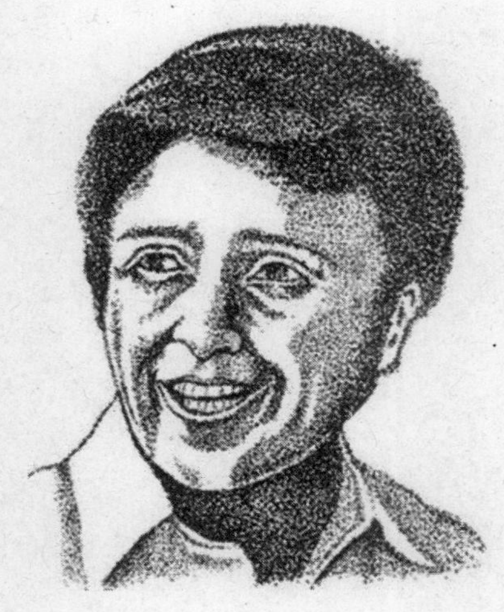

हम बदलाव की शुरुआत
अपने घरों, आस-पड़ोस की जगहों, मोहल्लों, गाँवों और स्कूलों से
कर सकते हैं।

–किरण बेदी

भूमिका

जब-जब धरती पर अन्याय, अत्याचार और धार्मिक अंधविश्वास बढ़ता है, तब-तब इस धरती पर कोई-न-कोई पुण्यात्मा जन्म अवश्य लेती है और अन्याय, अत्याचार के खिलाफ आवाज उठाकर लोगों को अधर्म और अंधविश्वास से मुक्ति दिलाती है। इस बात का समर्थन 'गीता' में भी किया गया है। भले ही वहाँ अवतार की बात कही गई हो, लेकिन यह बात भी सत्य है कि समाज-सुधारक किसी अवतार से कम नहीं होते। ऐसी ही महान् सुधारक, जिन्होंने सरकारी सेवा में रहते हुए और बाद में भी समाज को रहने लायक बनाने हेतु तन-मन-धन से सकारात्मक कार्य किए हैं और वे हैं किरण बेदी। पुरुष ही महान् आत्मा क्यों होते हैं या समाज के कल्याण के लिए पुरुष ही अवतरित क्यों होता है? इस अनुत्तरित प्रश्न का उत्तर किरण बेदी ने अपने मानवता के कार्यों से देकर सिद्ध किया है कि महिलाएँ भी समाज के निर्माण और उत्थान के लिए यह प्रेरक की भूमिका निभा सकती हैं।

किरण बेदी भारतीय पुलिस सेवा की प्रथम वरिष्ठ महिला अधिकारी रही हैं। उन्होंने विभिन्न पदों पर रहते हुए अपनी कार्य-कुशलता का परिचय दिया है। वे संयुक्त आयुक्त पुलिस प्रशिक्षण तथा दिल्ली पुलिस स्पेशल आयुक्त (खुफिया) के पद पर कार्य कर चुकी हैं। उनके समाज कल्याण के कार्यों को सारी दुनिया ने जाना और पहचाना है, यही कारण है कि उन्हें संयुक्त राष्ट्र संघ के 'शांति स्थापना ऑपरेशन' विभाग में 'नागरिक पुलिस सलाहकार' के रूप में भी नियुक्त किया गया। वे वर्ष 2002 के लिए भारत की 'सबसे प्रशंसित महिला' चुनी गईं।

जहाँ एक ओर उन्हें बहुत सारे पुरस्कार, प्रशंसा मिली है, वहीं उन्हें कुछ आलोचनाओं और शिकायतों का भी शिकार होना पड़ा। परंतु समाज-सेवक तो जन कल्याण करता है ही स्वयं विष पीकर। क्या स्वामी दयानंद सरस्वती ने दर्जनों बार विष पान नहीं किया, विरोधियों ने उन्हें मारने के कितने प्रयास किए, लेकिन उन्होंने जन-कल्याण का अपना मार्ग नहीं छोड़ा।

एक विदेशी कैदी को चिकित्सा सेवा उपलब्ध न कराने के लिए सर्वोच्च न्यायालय तक ने उनकी आलोचना की थी। 1988 में बाधवा आयोग ने भी वकीलों पर लाठी चार्ज करवाने के लिए बेदी की आलोचना की और इंदिरा गांधी ने तो जैसे उन्हें बख्श ही दिया था, जब प्रधानमंत्री की गलत तरीके से खड़ी की गई गाड़ी को उन्होंने क्रेन से उठवा दिया था। बहुत सारे लोकप्रिय इंटरव्यूज शो के होस्ट करण थापर ने भी उनसे जुड़े विवादों को लेकर एक लेख लिखा था और इस कारण से वे थापर के एक इंटरव्यू शो में नहीं गई थीं। जनलोकपाल के लिए चल रहे आंदोलन के दौरान भी सरकारी और गैर-सरकारी लोगों ने उनपर कट्टरपंथी होने का आरोप लगाया था। उन पर सांसदों का अपमान करने के भी आरोप लगे। उन पर हवाई टिकट का बेजा किराया वसूलने और गलत तरीके से अपनी बेटी को एम.बी.बी.एस. कोर्स में प्रवेश दिलाने का भी आरोप लगा। लेकिन अंततः सब आरोप निराधार ही साबित हुए और किरण बेदी ऋषि दयानंद की तरह ही एक महान् सुधारक की श्रेणी में आ गईं। अनेक सामाजिक कार्य करते हुए महिला सुधारकों में किरण बेदी ने अपना नाम अग्रिम पंक्ति में स्थापित किया है, यह देश के लिए गौरव की बात है। इस पुस्तक का लेखक स्वयं सामाजिक कार्यों में रुचि रखता है, इसलिए किरण बेदी पर कलम उठाने का साहस किया, यह जानते हुए कि उन पर लेखनी चलाना बड़े ही दुस्साहस का कार्य है। लेखक अपने प्रयास में कहाँ तक सफल हुआ है, यह तो पाठक ही निर्णय करेंगे। आशा है, यह पुस्तक आपको पसंद आएगी, इसी आशा और विश्वास के साथ!

–तेजपाल सिंह धामा

अनुक्रम

जन्म और शिक्षा-दीक्षा

नन्ही किरण

"नहीं मैं तो अच्छे स्कूल में पढ़ूँगी?," एक बालिका ने अपने दद्दू और पिताश्री के सामने बालहठ कर ही दी थी, तो दादाजी पूछ बैठे थे, "अच्छा स्कूल क्या होता है?"

"जिसमें अंग्रेजी की पढ़ाई हो।"

"अंग्रेजी पढ़कर क्या करना है तुझे!"

"पढ़-लिखकर नौकरी करूँगी, और क्या करूँगी!"

"लड़कियाँ भी कहीं पढ़ती और नौकरी करती हैं?"

"दादाजी, क्या लड़कियों को पढ़ना नहीं चाहिए?"

"नहीं, हमारे देश में लड़कियों को पढ़ाने की परंपरा नहीं है।"

"पढ़ाने की परंपरा," बालिका ने कुछ सोचा और फिर पूछा, "लड़कियों को न पढ़ाने की यह परंपरा कब से चली है?"

"यह तो सदा से चलती आई है।"

"नहीं दादाजी, आप बहकाते हैं, लड़कियों को न पढ़ाने की परंपरा सदा से नहीं चलती आई है।"

"तुझे अधिक पता है या हमें?"

"नहीं, पता तो आपको ही अधिक है।"

"तो फिर?"

"लेकिन, एक दिन आपने ही बताया था कि गार्गी ने शास्त्रार्थ में बड़े-बड़े ऋषियों को हरा दिया था और आदिशंकराचार्य को भी एक महिला से शास्त्रार्थ करना पड़ा था। अब प्रश्न पैदा होता है कि…"

"हाँ…हाँ…समझ गया, अब यही कहोगी कि यदि महिलाओं को पढ़ाने की परंपरा हमारे देश में नहीं थी, तो फिर गार्गी ने शास्त्रार्थ कैसे किया? क्या अनपढ़ महिला भी इतनी विद्वान् होती थी कि वह शास्त्रों पर चर्चा करती थी। तुम्हारी बात अपनी जगह ठीक है, लेकिन अब जमाना बदल गया है, और फिर लड़कियों को पढ़-लिखकर क्या करना है, चूल्हा-चौका ही तो करना है।"

"नहीं, लड़कियाँ चूल्हा-चौका करने के लिए ही नहीं, देश चलाने के लिए भी पैदा होती हैं, क्या रजिया सुलताना हमारे देश की महिला शासक नहीं बनी थी; अहिल्याबाई ने कुशल शासन नहीं किया, और तो और, अंग्रेजों के दाँत खट्टे करनेवाली झाँसी की रानी भी महिला ही थी और वे सब पढ़ी-लिखी वीरांगनाएँ थीं।"

"तो तुम इसलिए अच्छे स्कूल में पढ़ना चाहती हो कि इतिहास में झाँसी की रानी की तरह नाम कमा सको?"

"दद्दू, नाम कमाना नहीं, देश के लिए कुछ काम करने के लिए अच्छे स्कूल में पढ़ना चाहती हूँ।"

"अच्छी बात है, अब हम आपकी शिक्षा में रोड़ा नहीं बनेंगे।"

"दद्दू, इतने से काम नहीं चलेगा!"

"तो फिर?"

"हमें स्कूल से आने के बाद स्वयं ही पढ़ाना होगा, ताकि स्कूल में हम ही पहले नंबर पर आएँ।"

"अच्छी बात है, लेकिन तुम इतनी समझदार क्यों हो?"

"इसलिए कि अपने दद्दू की पोती हूँ।" कहकर हँस पड़ी थी वह बालिका।

जी हाँ, जानते हो, वह बालिका कौन थी? वह बालिका थी—आज की किरण बेदी, जो सारी दुनिया में प्रसिद्ध हैं। उन्हीं के बचपन का प्रसंग है यह। इसमें शब्द भले ही हमारे हों, लेकिन यह घटना कुछ इसी प्रकार

माता-पिता : प्रकाश व प्रेमलता

दादा-दादी : मुन्नीलाल एवं प्रीतम कौर

घटी थी, जिसे लेखक ने स्वयं मलाला की एक पुस्तक विमोचन के दौरान किरण बेदी के मुख से सुना था।

किरण बेदी का जन्म 9 जून, 1949 को अमृतसर (पंजाब) में हुआ था। वे प्रकाश पेशावरिया और प्रेम पेशावरिया की चार बेटियों में से दूसरे नंबर की हैं। उनकी तीन बहनें हैं, जिनमें से शशि कनाडा में रहती हैं और अच्छी कलाकार हैं। दूसरी बहन रीता मनोचिकित्सक और लेखक हैं, जबकि तीसरी बहन अनु एक वकील हैं। उन्होंने सैक्रेड हार्ट कॉन्वेंट स्कूल, अमृतसर से शिक्षा की शुरुआत की थी। वहाँ वे नेशनल कैडेट कोर (एनसीसी) में भरती हुईं। सन् 1964-68 में उन्होंने शासकीय कन्या महाविद्यालय, अमृतसर से अंग्रेजी साहित्य (ऑनर्स) में स्नातक तथा सन् 1968-70 में राजनीति शास्त्र में स्नातकोत्तर उपाधि हासिल की, जिसमें वे प्रथम आई थीं और इसी के साथ किरणजी कानून की स्नातक भी हैं। साथ ही वे आई.आई.टी. दिल्ली से डॉक्टरेट की उपाधि भी ले चुकी हैं।

किरण बेदी के माता-पिता ने किरण सहित उनकी तीनों बहनों की परवरिश इस तरह से की कि पुरुष आधिपत्य वाले समाज में वे स्वाभिमान और मस्ती के साथ जी सकें। उन्होंने अपनी बेटियों को आत्म-अनुशासन का जो पाठ पढ़ाया, वही किरण बेदी और उनकी बहनों की असली संपत्ति बना। किरण बेदी ने एक बार स्वयं स्वीकारा है कि उनके दादाजी नहीं

बहनों के संग किरण

चाहते थे कि उनकी पोतियाँ अच्छी शिक्षा ग्रहण करें, क्योंकि वे तो बस यही चाहते थे कि बच्ची बड़ी हो जाएँ, इनके हाथ पीले कर दें और ससुराल चली जाएँ। वैसे आज भी अधिकांश भारतीयों की सोच कुछ ऐसी ही तो है। ग्रामीण भारत में तो आज भी असंख्य लड़कियाँ अनपढ़ ही हैं, खासकर उत्तर भारत में। लेकिन किरण बेदी का यह सौभाग्य रहा कि उनके माता-पिता ने उन्हें पढ़ा-लिखाकर इस योग्य बनाया कि वे अपना और अपने देश का नाम गौरवान्वित कर सकीं।

बचपन को याद करती हुई किरण बताती हैं, "घर में तीन-चार चीजों पर खास ध्यान दिया जाता था। पढ़ाई, खेल, अनुशासन और बेहतर खान-पान।

एक शादी समारोह में सखियों के संग किरण

माँ हमारे खान-पान का पूरा खयाल रखतीं। शुद्ध शाकाहारी और पौष्टिक भोजन मिलता तो वहीं पिता हमारी पढ़ाई और खेल को लेकर सजग थे। अनुशासन इस कदर हावी था कि दोपहर में हम घर पर नहीं, टेनिस कोर्ट में ही नजर आती थीं। हिम्मत वहीं से पैदा हुई। कभी हमें यह अहसास दिलाया ही नहीं गया कि हम लड़कियाँ हैं, तो कमजोर हैं। जो करना चाहा, वह करने का मौका मिला। पिता कहते थे, चुनौती से घबराओ नहीं, मुकाबला करो। देखा जाए तो हमारी परवरिश ही अलग ढंग से हुई।"

□

संघर्ष की कहानी किरण की जुबानी

किरण बेदी का कहना है कि मैं समय बरबाद नहीं करती। मेरे जीवन में कोई फालतू काम नहीं है। शादी किसी महिला के लिए उसका अपना चयन होना चाहिए। वह शादी अपनी मरजी से करे, देख-सुनकर करे। कोई महिला शादी तभी करे, जब वह किसी साथी के लिए मानसिक रूप से तैयार हो। जब उनसे पूछा गया कि अब तो इतनी बातें होती हैं आधुनिकीकरण की, नारीवाद की, क्रांति की, लेकिन आप तो ऐसी हस्ती हैं, जिन्होंने अपने समय में या यों कहें कि समय से पहले भारतीय नारी के बारे में लोगों की सोच बदली और उदारीकरण की प्रतीक बनीं, कैसे हुआ यह सब? तो उन्होंने बताया, ''मेरा परिवार अमृतसर में अनोखा था। मेरे माता-पिता दूरदृष्टि वाले थे। हम चार बहनें थीं, कोई भाई नहीं था। मेरे ही परिवार की तीन बहनें शर्ट्स पहनकर टेनिस खेलती थीं। जब मैं इंडिया नंबर एक और दो खेलने गई थी तो मेरी बहन मेरे साथ खेलती थी। हमें 'पेशावरी बहनें' कहा जाता था। मुझे लगता है कि हमारा परिवार अमृतसर ही नहीं, बल्कि पूरे भारत में अनोखा था, जहाँ कहा जाता था कि अपना जीवन बनाओ, तुम

छात्रा किरण

किसी से कम नहीं हो, आसमान अनंत है, पढ़ाई तुम्हारा असली धन है। शादी की कोई बात नहीं होती थी। शादी हमारे एजेंडे में कहीं नहीं थी।"

आईएएस की तैयारी में

जब ये पेशावरी बहनें टेनिस खेलने जाती थीं, तो क्या सुरक्षा गार्ड भी साथ होते थे, क्योंकि अमृतसर में पहले तो ऐसा होता नहीं था? इस प्रश्न पर किरणजी का कहना था, "नहीं, कोई सुरक्षा गार्ड नहीं होते थे, यहाँ तक कि सिनेमा हॉल में लड़कों के टिकट भी मैं ही बुक कराती थी। उनको लंबी लाइन में लगना पड़ता था, मैं कहती थी कि रुक जाओ, मैं बुक कराती हूँ। मैं छोटी थी और स्कर्ट पहने लाइन में लग जाती थी, मुझे देखकर लोग कहते थे, आओ बेटी, तुझे क्या चाहिए? तो मेरा दूसरों के काम आने का काम स्कूल से ही शुरू हो गया था।

"मतलब यह कि बिना यह सोचे कि मैं लड़की हूँ, दूसरों के काम आना, ये छोटे बीज बचपन में ही मेरे अंदर पड़ गए थे। यह समय से पहले की बात थी। मैं अमृतसर के सबसे अच्छे स्कूल में पढ़ती थी, लेकिन मेरी कोई भी सहपाठी सिविल सेवा में नहीं आई, क्योंकि न तो उनकी और न ही उनके माता-पिता की सोच वैसी थी। उनके माता-पिता बस उनकी शादी के बारे में ही सोचते थे, लेकिन मेरे माता-पिता शादी की बात ही नहीं करते थे। वे कहते थे कि पढ़ो, कमाओ और फिर अपने फैसले करो।"

किरण बेदी में बहुत ऊर्जा है। क्या राज है इसका? जब अगला प्रश्न उनसे पूछा तो उनका जवाब कुछ इस प्रकार था, "समय मेरे लिए बहुत महत्त्वपूर्ण है। मैं समय बरबाद नहीं करती। सोना है, पढ़ना है या कभी टीवी देखना है तो वह मेरी जरूरत है। जबरदस्ती किसी बात की नहीं है। सुबह टूथब्रश कर रही हूँ, तो बीबीसी सुन रही हूँ।

सुबह वॉक कर रही हूँ तो ऑडियो बुक सुन रही हूँ, सफर कर रही हूँ तो किताब पढ़ रही हूँ या कंप्यूटर पर लेख लिख रही हूँ। एक साथ कई काम करना मुझे पसंद है। कोई मुझे कुछ कहता नहीं है। मैं अपने लक्ष्य खुद तय करती हूँ।''

प्रथम पुरस्कार

किरणजी एक साथ कई काम करने की बात करती हैं। एक स्तर पर इसके फायदे तो बहुत हैं, लेकिन बोरियत भी तो है। परंतु वे इस शंका का समाधान स्वयं ही करते हुए कहती हैं, ''कोई बोरियत नहीं है। यह एक प्राकृतिक भाव है। मैं यह सब काम जबरदस्ती नहीं करती। मैं अपनी रफ्तार से काम करती हूँ, जिससे मैं बहुत संगठित हूँ। मेरे जीवन में कोई फालतू काम नहीं है। मुझे जहाँ 'हाँ' करनी है वहाँ 'हाँ' करती हूँ और जहाँ 'ना' करनी है वहाँ मैं 'ना' करती हूँ। मेरी हर चीज से क्रिएटिविटी जुड़ी है। किसी से फालतू बात नहीं, चुगली सुनने का मुझे समय नहीं। अच्छी बात सुनानी है तो सुना दो, बुरी बात सुनानी है तो अपने मन में रखो। इससे होता यह है कि आपका दिमाग दूषित नहीं होता।''

किरणजी ऑडियो बुक की बात करती हैं, तो वे किस तरह की किताबें सुनना पसंद करती हैं? इसका उत्तर भी वे स्वयं ही देते हुए कहती हैं, ''एंथोनी रॉबिंस, स्टीवन, श्रीश्री रविशंकर की किताबें, 'ऑटोबायोग्राफी ऑफ ए योगी', स्वामी रामा की किताब 'लिविंग अमंग हिमालय', आध्यात्मिक किताबें, जानकारी बढ़ाने वाली किताबें मुझे पसंद हैं।'' वे आगे कहती हैं, ''मैं इन्हें इंटरनेट से डाउनलोड कर अपने आईपॉड में डालती हूँ। मेरा सारा खर्चा ऐसी ही चीजों में होता है। इसमें

इतना आनंद मिलता है कि मैं बता नहीं सकती। सुबह का टहलना सबसे अधिक रचनात्मक है। सुबह एक घंटा टहलती हूँ। इसके बाद कसरत। मैं सारे अखबार अपने स्टेपल पर ही पढ़ती हूँ।''

कुछ लोग कहते हैं कि वे ट्रेडमिल पर अखबार पढ़ लेते हैं। किरणजी कहती हैं कि अपने स्टेपल पर ही अखबार पढ़ लेती हैं। क्या इससे ध्यान नहीं बँटता है? जब यह शंका उत्पन्न हुई तो इसका जवाब भी उन्होंने कुछ इस प्रकार दिया, ''मेरे छोटे से घर में कोई भी चीज फालतू नहीं है। मेरा घर काफी खुला हुआ है। मुझे रोशनी और हवा बहुत पसंद है। कई कमरों में परदे भी नहीं लगे हैं। मुझे परदे अच्छे नहीं लगते। खाने-पीने की भी कोई फालतू की चीज नहीं है। जो भी है, मिल-बैठ के खाया जाता है। इससे दोगुना फायदा होता है। इससे दोगुनी खुशी मिलती है। शारीरिक तंदुरुस्ती और मानसिक फायदा। दिमाग और शरीर दोनों की कसरत हो जाती है।''

किरणजी की दृष्टि में परंपरागत भारतीय महिला की छवि किस प्रकार की है, इसके बारे में वे कहती हैं, ''उसे शादी करनी है, शादी के बिना उसकी लाइफ ही नहीं है। शादी होनी चाहिए और उसे माँ बनना चाहिए। उसकी अपने पति और परिवार के प्रति प्रतिबद्धता है।''

और एक भारतीय महिला कैसी होनी चाहिए? इस विषय में किरणजी के विचार एकदम स्पष्ट हैं। वे कहती हैं, ''मेरे अनुसार शादी किसी महिला के लिए उसका अपना चयन होना चाहिए। वह शादी अपनी मरजी से करे, देख-सुनकर करे। मैं ब्लाइंड शादी में विश्वास नहीं करती। मेरा मानना है कि कोई महिला शादी तभी करे, जब वह किसी साथी के लिए मानसिक रूप से तैयार हो। वह माँ तभी बने, जब वह इसके लिए तैयार हो। ससुरालवालों के साथ-साथ उसे अपने माता-पिता के प्रति अपनी जिम्मेदारी निभाने में हिचकिचाना नहीं चाहिए।

''वह ऐसा कभी न सोचे कि अब तो दूसरे घर आ गई है, किसी की पत्नी बन गई है। माता-पिता अपनी जगह हैं और सास-ससुर भी माता-पिता ही हैं।'' किरणजी आगे कहती हैं, ''मेरे बहन-बहनोई दोनों

मनोचिकित्सक हैं। दोनों में गजब का सामंजस्य है। मेरा अपना वैवाहिक जीवन भी इसी तरह है। मेरे पति अमृतसर में सामाजिक कार्यकर्ता हैं। मैं सारा समय यहाँ काम करती हूँ। हम जब मन करता है एक-दूसरे को फोन करते हैं, ई-मेल करते हैं, लेकिन किसी को किसी से कोई शिकायत नहीं है। मुझे लगता है कि यह एक ऐसा रिश्ता है, जैसा कि आप चाहते हैं।''

□

पहली टेनिस सनसनी

आज सारी दुनिया में सानिया मिर्जा को 'टेनिस सनसनी' के नाम से जाना जाता है, जो भारत की ही बेटी है, लेकिन बहुत कम लोग जानते हैं कि भारत की पहली टेनिस सनसनी तो किरण बेदी रही हैं।

दरअसल, किरण बेदी बचपन से ही अपनी जिंदगी को एक अलग नजरिए से जीती थीं। बचपन से ही किरण के मन में कुछ कर दिखाने का जज्बा था, जिसके बूते पर उन्होंने अपनी एक अलग राह चुनी। किरण को बचपन में टेनिस बहुत पसंद था और टेनिस की खिलाड़ी भी रहीं। अपनी बहनों के साथ उन्होंने इस खेल में कई रिकॉर्ड बनाए। उस दौर में किरण बेदी और उनकी बहनों को 'पेशावर बहनों' (शादी के पहले पेशावरिया उनका उपनाम था) के नाम से जाना जाता था।

पेशावर वर्तमान समय में पश्चिमी पाकिस्तान का एक प्रमुख शहर है। प्राचीन समय में पेशावर का नाम पुरुषपुर हुआ करता था। ऐतिहासिक दस्तावेजों के अनुसार सम्राट् कनिष्क ने पुरुषपुर को द्वितीय शती ई. में बसाया था और सर्वप्रथम कनिष्क के बृहत् साम्राज्य की राजधानी बनने का सौभाग्य भी इसी नगर को प्राप्त हुआ था। पुरुषपुर प्राचीन समय में गांधार मूर्तिकला का मुख्य और ख्यातिप्राप्त केंद्र माना जाता था। किरण बेदी के पूर्वजों का संबंध इसी शहर से रहा है।

छात्र जीवन में किरण बेदी ने टेनिस में कई खिताब जीते। किरण ऑल इंडिया और ऑल एशियन टेनिस चैंपियनशिप की विजेता भी रहीं।

यह बेहतर परवरिश की ही देन थी कि किरण ने जहाँ भी, जिस भी क्षेत्र में कदम रखा, अपना अलग स्थान बनाया। फिर चाहे टेनिस

टेनिस कोर्ट में किरण बेदी

चैंपियनशिप हो या पुलिस की नौकरी या पढ़ाई की दुनिया, वे हर जगह टॉप रहीं। लेकिन कॅरियर के रूप में पुलिस क्यों, खेल क्यों नहीं? सवाल हमारे दिमाग में कौंधता है और जवाब कुछ यों मिलता है, "सच है कि मैं टेनिस चैंपियन रही, लेकिन मेरा मकसद सिर्फ चैंपियन बनना ही नहीं था, सिस्टम में भागीदारी निभाना भी था। चूँकि बचपन से ही सोचा था कि सिस्टम में जाना है। इसलिए आई.ए.एस. की तैयारी में लग गई और जब आईपीएस के लिए चुनी गई तो लगा, यही सही मंच है।"

आप जैसा सोचेंगे, वैसा ही करेंगे। नकारात्मक सोच का असर सीधे आपके काम पर पड़ता है, इसलिए क्यों न हमेशा सकारात्मक और बेहतर सोचा जाए। अपने ऑफिस में पड़ी किताबों की ओर ध्यान आकर्षित करते हुए वह कहती हैं, "मैं अपना सारा समय सुनियोजित तरीके से इस्तेमाल करती हूँ। अधिकतर समय पढ़ने में बिताती हूँ। आज से नहीं, पहले से ही यह आदत रही कि खूब पढ़ो, ताकि सोच की खिड़कियाँ बंद न रहें। यह भी हमारे अभिभावकों की ही देन है कि वे हमेशा कहते थे–बड़ा सोचो, बेहतर सोचो।" □

घर-गृहस्थी

वैवाहिक बंधन

हिंदू संस्कृति के सोलह संस्कारों में से विवाह संस्कार सबसे अहम है, क्योंकि गृहस्थ जीवन ही पौराणिक काल से अन्य तीन आश्रम (ब्रह्मचर्य, वानप्रस्थ और संन्यास) का आधार रहा है। वर्ष 1972 में श्री ब्रिज बेदी से उनकी शादी हुई। तीन वर्ष बाद उनकी बेटी साइना पैदा हुई थी। इसी दौरान वे दो साल के लिए खालसा कॉलेज फॉर वीमेन, अमृतसर में लेक्चरर रहीं और जिस वर्ष विवाह हुआ, उसी वर्ष जुलाई 1972 में भारतीय पुलिस सेवा में भरती हो गईं।

गृहस्थ जीवन

किरणजी का कहना है कि हमारे जमाने में जब लड़कियों का अल्टीमेट ख्वाब बेहतर घर और अच्छा जीवनसाथी हुआ करता था, उस वक्त हमारे एजेंडे में विवाह सबसे आखिरी नंबर पर था। यह सोच का ही तो फर्क था। मैं आज भी नई पीढ़ी, खासकर लड़कियों से कहती हूँ कि जिंदगी का मकसद इतना

सीमित मत रखो, उसे विस्तार दो। वैसे भी मैं मानती हूँ कि एक लड़की को शादी का फैसला तब करना चाहिए, जब वह दिमागी तौर पर इसके लिए तैयार हो। वह माँ भी तभी बने, जब जिम्मेदारी निभाने की क्षमता उसके भीतर आ जाए। थोपी गई जिम्मेदारी या ओढ़ा गया बंधन जीवन को अस्थिर कर सकता है। किरणजी मानती हैं कि एक आदर्श गृहणी का कर्तव्य चूल्हे-चौके तक ही सीमित नहीं, वरन् समाज की भलाई के लिए सोचना और कुछ करना भी है। वे स्वयं कहती हैं कि मैं रात में, सुबह, फुरसत के पलों में या फिर यात्रा के दौरान हमेशा भक्ति संगीत सुनती हूँ या फिर आध्यात्मिक पुस्तकें पढ़ती हूँ। इससे चित्त शांत रहता है, नई दृष्टि विकसित होती है और यही हमें यथार्थ की खुरदरी जमीन पर जीना सिखाती हैं। अच्छा लगता है, जब लोग मेरे पास आते हैं और कहते हैं कि उन्हें मेरे काम पर भरोसा है। मैं भी यही चाहती हूँ कि मैं जो भी करूँ, उसका एक मतलब हो।

बेटी के संग

किरण बेदी के पति बृज बेदी अमृतसर में समाजसेवा के काम में सक्रिय हैं और बेटी साइना किरण केनज्योति और इंडिया जिन फाउंडेशन से जुड़ी हुई है। लेकिन इस परिवार में किसी को किसी से कोई शिकायत नहीं, कोई अपेक्षा नहीं। बकौल किरण बेदी, "हम शादी

साइना के साथ माँ किरण

दामाद रुजवेह व बेटी संग एक पुस्तक का लोकार्पण करतीं किरणजी

के बाद एक साथी तलाशते हैं। ऐसा साथी, जो हमारे विस्तार में सहयोग दे, न कि बंधन का एहसास कराए। हमारे रिश्ते में यही खास बात है कि हम एक–दूसरे का भरपूर सहयोग करते हैं, लेकिन किसी पर कतई अपनी मरजी नहीं थोपते।'' महिलाओं के संदर्भ में उनका कहना है, ''यदि प्रतिस्पर्धा में आप आई हैं, तो सिर्फ प्रतिस्पर्धी हैं। न स्त्री, न पुरुष। जो ज्यादा काबिल हो, चुना जाए। सिस्टम ऐसा होना चाहिए। लड़कियों को आगे बढ़ने के लिए बैसाखी नहीं, बल चाहिए शारीरिक और मानसिक। जिस दिन यह बल उनके भीतर आ जाएगा, खुद को कमजोर महसूस नहीं करेंगी।''

सब जानते हैं कि किरण बेदी कड़क, बहुमुखी प्रतिभा वाली और जिंदादिल महिला हैं, लेकिन घर में किरण बेदी एक माँ, एक पत्नी के रूप में कैसी हैं? इस प्रश्न का उत्तर किरण बेदीजी कुछ इस प्रकार देती हैं, ''मैं घर में भी बहुत व्यवस्थित हूँ। सुख से रहती हूँ। मैं अपने स्टाफ को बहुत आदर देती हूँ। जो खाना बनाता है, कपड़े साफ करता है, घर

जीवनसाथी ब्रिज बेदी संग किरण एक पुस्तक का लोकार्पण करती हुई

साफ रखता है, मैं उनका बहुत खयाल रखती हूँ। मुझे अगर दीवाली मनानी है या अपना जन्मदिन मनाना है तो पहले मैं उनके साथ मनाती हूँ। वो मेरी ताकत हैं, क्योंकि आज मैं जो हूँ, वह अपने माता-पिता या अपने घर के सपोर्टिंग स्टाफ की वजह से ही हूँ।

"वे मेरे लिए जान देते हैं। मुझे उन पर इतना विश्वास है कि आज तक मैंने अपने घर में ताला नहीं लगाया, क्योंकि मैं उनके लिए जो कर सकती हूँ, वह करती हूँ। मेरा कुछ स्टाफ तो 20-25 साल से काम कर रहा है। मेरे छोटे से घर में कोई भी चीज फालतू नहीं है। मेरा घर काफी खुला हुआ है। मुझे रोशनी और हवा बहुत पसंद है। कई कमरों में परदे भी नहीं लगे हैं। मुझे परदे अच्छे नहीं लगते। फालतू की कोई खाने-पीने की भी चीज नहीं है। जो भी है मिल-बैठ के खाया जाता है। कभी कुछ गिना नहीं जाता है। हम विश्वास के साथ जीते हैं। मेरा घर बहुत साधारण है, भक्ति से भरा हुआ है, प्यार से भरा हुआ है, संगीत से भरा हुआ है। किताबों से भरा हुआ है। एक बात और, मेरा घर कंप्यूटर से भी भरा हुआ है। □

पहली महिला आईपीएस

1972 में किरण बेदी ने अपनी सेवा भारतीय पुलिस में शुरू की। वे भारतीय पुलिस सेवा (आईपीएस) में आने वाली देश की पहली महिला अधिकारी हैं।

किरण बेदी ने भारतीय पुलिस सेवा के लिए चुने जाने के बाद नौकरी करते हुए भी अपनी पढ़ाई जारी रखी और सन् 1988 में दिल्ली विश्वविद्यालय से कानून में स्नातक की उपाधि प्राप्त की। उन्होंने राष्ट्रीय तकनीकी संस्थान, नई दिल्ली से 1993 में सामाजिक विज्ञान में 'नशाखोरी तथा घरेलू हिंसा' शोध विषय लेकर पी-एच.डी. की डिग्री हासिल की। भारतीय पुलिस सेवा में पुलिस महानिदेशक (ब्यूरो ऑफ पुलिस रिसर्च

अश्वारोही दल का नेतृत्व करती आईपीएस किरण बेदी

आईपीएस बनने पर गर्व से सराबोर किरण बेदी

ऐंड डेवलपमेंट) के पद पर पहुँचने वाली किरण एकमात्र भारतीय महिला थीं। किरण बेदी ने दिल्ली ट्रैफिक पुलिस चीफ, डिप्टी इंस्पेक्टर जनरल ऑफ पुलिस, मिजोरम; इंस्पेक्टर जनरल ऑफ प्रीजन, तिहाड़;

स्पेशल सेक्रेटरी टू लेफ्टिनेंट गवर्नर, दिल्ली; इंस्पेक्टर जनरल ऑफ पुलिस, चंडीगढ़; ज्वॉइंट कमिश्नर ऑफ पुलिस ट्रेनिंग; स्पेशल कमिश्नर ऑफ पुलिस इंटेलिजेंस; महानिदेशक, होम गार्ड और नागरिक रक्षा; महानिदेशक, पुलिस अनुसंधान एवं विकास ब्यूरो जैसे पदों पर भी कार्य कर चुकी हैं। किरण डीआईजी, चंडीगढ़ गवर्नर की सलाहकार, नारकोटिक्स कंट्रोल ब्यूरो में डीआईजी तथा यूनाइटेड नेशंस में एक असाइनमेंट पर भी कार्य कर चुकी हैं।

एक आईपीएस रहते हुए उन्होंने बहुत सारे महत्त्वपूर्ण काम किए। वे संयुक्त राष्ट्र पीस कीपिंग ऑपरेशंस से भी जुड़ी रहीं और इसके लिए उन्हें मेडल भी दिया गया था। किरण बेदी का व्यक्तित्व प्रभावशाली है। उनकी आँखों में एक चमक है। उनकी बातों में एक दहक है। सच, साहस और सादगी की सशक्त प्रतिमूर्ति हैं किरण बेदी। वे जब पुलिस प्रशासन को आड़े हाथों लेती हैं, तब उनकी गर्जना देखने योग्य होती है और जब वे मुखातिब होती हैं जनता से, तो उनकी समझाइश दिल की गहराई तक उतरती चली जाती है। उनका एक-एक शब्द दमकता मोती लगता है, क्योंकि उन शब्दों में सच्चाई की आभा है। वे जब बोलती हैं तो उनकी धाराप्रवाह शैली मंत्रमुग्ध कर देती है। वे कहीं अटकती नहीं, वे कहीं भटकती नहीं और खटकने का तो सवाल ही नहीं उठता।

एक सच पुलिसवालों का, एक सच जनता का और एक सच व्यवस्था का, वे इतनी खूबी से एक के बाद एक जनता के सामने रखती हैं कि परत-दर-परत सच आँखों के सामने साकार हो जाता है। हम हतप्रभ रह जाते हैं कि इतनी बेबाकी से यह कड़वा यथार्थ हम तक पहुँचाने का साहस अब तक किसी ने क्यों नहीं दिखाया? और जवाब भी हमें खुद मिल जाता है कि इस सच को आत्मविश्वास से लबरेज किरण बेदी के माध्यम से ही हम तक आना था। नारी की अदम्य शक्ति की प्रतीक किरण बेदी ही यह काम कर सकती थीं।

□

नारी शक्ति की प्रतीक किरण बेदी

क्रेन बेदी

एक आईपीएस अधिकारी रहते हुए किरण बेदी ने संविधान का बखूबी पालन किया है और अपने कर्तव्यों के प्रति हमेशा निष्ठावान व ईमानदार रही हैं। यही कारण है कि वे कर्तव्यों से कभी विचलित नहीं हुईं, चाहे कितने भी बड़े और प्रतिष्ठित व्यक्ति ने उन्हें विचलित करने की कोशिश की हो। उन्होंने हमेशा कानून का पालन करते हुए अपने कर्तव्यों को निभाया है।

चाहे आप किरण बेदी कहें या क्रेन बेदी, दोनों ही शब्द इनके व्यक्तित्व से गहरे जुड़े हैं। वे हर सुबह जिंदगी में एक नई उम्मीद की रोशनी तलाशती हैं और हर मुश्किल को आत्मविश्वास की क्रेन से हटा

गणतंत्र दिवस परेड में दिल्ली पुलिस के दस्ते का नेतृत्व करतीं किरण बेदी

देती हैं। न संघर्ष से परहेज, न जंग से खौफ। मकसद साफ है, अगर मुद्दा जन सरोकार का है, तो आवाज चट्टान सी कठोर होनी चाहिए।

अब पहले जरा पीछे मुड़कर देखते हैं। 26 जनवरी, 1975 का दिन हर बार की तरह गणतंत्र दिवस की भावना और भव्यता से जगमग था। राजपथ पर परेड की शुरुआत हो चुकी थी। एक के बाद एक सैन्य टुकड़ियाँ दर्शकों के सामने मार्च पास्ट करते हुए गुजर रही थीं। सबकुछ हर बार की ही तरह था। यदि कुछ अलग था तो सिर्फ इतना कि इस बार मार्च पास्ट में दिल्ली पुलिस के दस्ते का नेतृत्व एक महिला कर रही थी। दुबली-पतली, मझोले कद की। लेकिन विश्वास और हिम्मत से भरपूर। यह अनूठा दृश्य था। उस समय की प्रधानमंत्री इंदिरा गांधी के सामने साकार हो रही थी बदलते भारत में सुदृढ़ होती स्त्री की तसवीर। उन्होंने अपने सहायकों को इशारा किया, कौन है यह लड़की? और अगली ही सुबह नाश्ते पर इंदिरा के सामने भारत की पहली महिला आईपीएस

किरण बेदी मौजूद थीं। जोश और कुछ कर गुजरने के जज्बे से लबरेज किरण बेदी।

किरण महज 26 साल की उम्र में सहायक पुलिस अधीक्षक (चाणक्य पुरी) बन गई थीं। उन्होंने 1975 की गणतंत्र परेड में दिल्ली पुलिस के एक दस्ते का नेतृत्व करने के विषय पर ट्विटर पर लिखा है, "मैंने 1975 में दिल्ली पुलिस दस्ते का नेतृत्व किया था। पहली बार किसी महिला ने पुरुष परेड का नेतृत्व किया। प्रधानमंत्री इंदिरा गांधी बहुत खुश थीं।" अब एक सामाजिक कार्यकर्ता के रूप में पहचान बना चुकीं किरण उस दिन को याद करते हुए कहती हैं, "मेरे पीछे कुछ दूरी पर ही लंबे कद के पुरुष चल रहे थे। मैंने सलामी दी और श्रीमती गांधी खुशी से झूमते हुए खड़ी हो गईं। मैंने उन्हें देखा।"

उन्होंने कहा, "प्रधानमंत्री इंदिरा गांधी परेड में मुझे दिल्ली पुलिस के दस्ते का नेतृत्व करते देख इतना खुश हुईं कि उन्होंने मुझे अगली सुबह नाश्ते पर बुलाया। उस वक्त दिल्ली पुलिस आयुक्त इसको लेकर निश्चिंत

इंदिरा गांधी के साथ नाश्ते की मेज पर किरण बेदी

नहीं थे कि कोई महिला नेतृत्व भी कर सकती है। मैंने इसके लिए जोर दिया था और वे इस बात से खुश हुए कि मैंने यह कर दिखाया।"

वैसे किरण बेदी के बाद समय-समय पर कई और महिलाओं ने भी परेड में नेतृत्व करने का गौरव हासिल किया। वर्ष 2012 में 63वें गणतंत्र दिवस के मौके पर राजस्थान के सीकर की रहने वाली स्नेहा शेखावत ने परेड में वायुसेना के दस्ते का नेतृत्व किया था। ऐसा करनेवाली वह पहली महिला पायलट बनी। बाद में वायुसेना की फ्लाइट लेफ्टिनेंट हीना पोरे ने भी 144 जवानों वाले मार्चिंग दस्ते का नेतृत्व किया।

इंदिरा गांधी को क्या पता था कि कभी कर्तव्यनिष्ठा की सजीव मूर्ति किरण बेदी उनकी गलती को भी नजरंदाज नहीं करेंगी। जब वे दिल्ली में ट्रैफिक पुलिस में उच्च पदस्थ अधिकारी थीं, तब उन्होंने तत्कालीन प्रधानमंत्री इंदिरा गांधी की कार को क्रेन से उठवा लिया था और पार्किंग नियमों का उल्लंघन करने पर जुरमाना भी लगाया था। नाम से क्या फर्क पड़ता है। काम बोलता है। कहते हैं कि ऐसा करने पर जब-जब इंदिरा गांधी ने किरण बेदी की कर्तव्यनिष्ठा को पहचाना तो उन्हें अपने पास बुलाकर पूछ ही लिया था, "तो आप हैं, जिसने पार्किंग नियमों का उल्लंघन करने पर हमारी गाड़ी पर जुरमाना लगा दिया और उसे क्रेन से

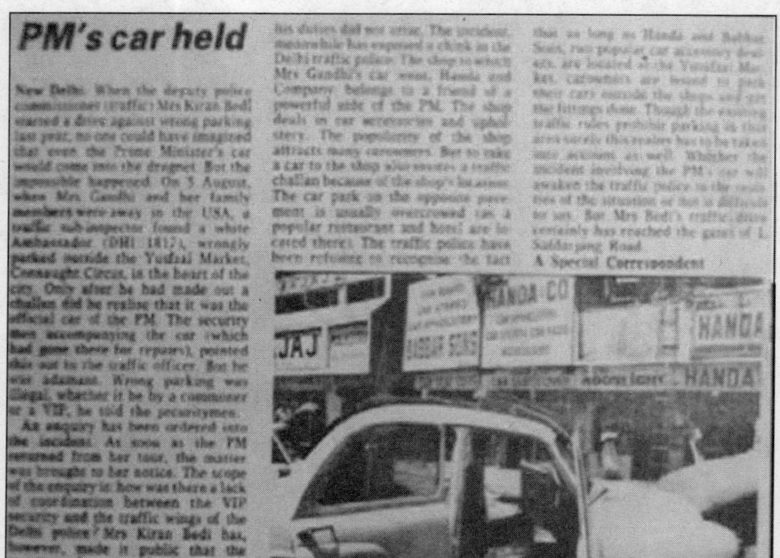

PM's car held

New Delhi: When the deputy police commissioner (traffic) Mrs Kiran Bedi started a drive against wrong parking last year, no one could have imagined that even the Prime Minister's car would come into the dragnet. But the impossible happened. On 5 August, when Mrs Gandhi and her family members were away in the USA, a traffic sub-inspector found a white Ambassador (DHI 1817), wrongly parked outside the Yusfzai Market, Connaught Circus, in the heart of the city. Only after he had made out a challan did he realise that it was the official car of the PM. The security men accompanying the car (which had gone there for repairs), pointed this out to the traffic officer. But he was adamant. Wrong parking was illegal, whether it be by a commoner or a VIP, he told the securitymen.

An enquiry has been ordered into the incident. As soon as the PM returned from her tour, the matter was brought to her notice. The scope of the enquiry is: how was there a lack of coordination between the VIP security and the traffic wings of the Delhi police? Mrs Kiran Bedi has, however, made it public that the question of putting the heat on an officer who was merely carrying on his duties did not arise. The incident meanwhile has exposed a chink in the Delhi traffic police. The shop to which Mrs Gandhi's car went, Handa and Company, belongs to a friend of a powerful aide of the PM. The shop deals in car accessories and upholstery. The popularity of the shop attracts many customers. But to take a car to the shop also invites a traffic challan because of the shop's location. The car park on the opposite pavement is usually overcrowded (as a popular restaurant and hotel are located there). The traffic police have been refusing to recognise the fact that as long as Handa and Babbar Sons, two popular car accessory dealers, are located at the Yusfzai Market, customers are bound to park their cars outside the shops and get the fittings done. Though the existing traffic rules prohibit parking in this area surely this reality has to be taken into account as well. Whether the incident involving the PM's car will awaken the traffic police to the realities of the situation or not is difficult to say. But Mrs Bedi's traffic drive certainly has reached the gates of 1, Safdarjang Road.

A Special Correspondent

View of the overcrowded parking space opposite Handa and Co

उठवा लिया, क्या आपकी दृष्टि में यह उचित था कि एक प्रधानमंत्री की गाड़ी…"

"क्षमा करें मैडम, देश का प्रधानमंत्री भी संविधान से बँधा हुआ है, उसी के दायरे में है और चूँकि प्रधानमंत्री देश का मुखिया है, इसलिए उसका कर्तव्य तो और भी बड़ा है। प्रधानमंत्री से तो किसी गलती की अपेक्षा नहीं की जा सकती, क्योंकि आम आदमी उनकी बातों का अनुकरण करते हैं और जैसा बड़े लोग करते हैं, वैसा ही आम आदमी करते हैं। यदि बड़े आदमी ही नियमों को तोड़ देंगे तो फिर आम जनता क्या करेगी? क्या वह नियम नहीं तोड़ेगी? फिर भी आप चाहें तो मेरी कर्तव्यनिष्ठा का दंड मुझे सस्पेंड करके दे सकती हैं।"

"नहीं…नहीं…ऐसी बात नहीं है, हम तो आपकी कर्तव्यनिष्ठा और निर्भीकता से प्रसन्न हैं। आपने जो किया, सही किया। आपकी जगह अगर मैं होती तो भी यही करती।"

"आप तो मेरी जगह से भी बहुत ऊपर हैं, इसलिए आपको या आपके चालक को तो पहले ही वह कर लेना चाहिए था, जो बाद में

तत्कालीन ट्रैफिक पुलिस स्टाफ के साथ किरण बेदी

करते हुए मुझे आत्मग्लानि हुई कि देश की एक प्रधानमंत्री की गाड़ी पार्किंग नियमों का उल्लंघन करते हुए खड़ी की गई।''

''आत्मग्लानि क्यों?''

''किसी भी देश के नागरिकों का सिर ऊँचा या नीचा उस देश के नेतृत्वकर्ताओं के कार्यों के कारण ही होता है।''

''अच्छी बात है, हमारे कार्य से आपको आत्मग्लानि हुई, लेकिन आपके कर्म से हमें गर्व महसूस हुआ कि जिस देश में कर्तव्य के प्रति ऐसी समर्पित ऑफिसर हैं, उस देश के नागरिकों का सिर कभी भी झुक नहीं सकता।''

''धन्यवाद मैडम!''

□

नशामुक्ति अभियान

किरण बेदी को जेल प्रशासन में महत्त्वपूर्ण सुधार करने के लिए भी जाना जाता है। उन्होंने कैदियों के कल्याण के लिए तिहाड़ जेल में बहुत सारे सुधार किए, जिसके परिणामस्वरूप उन्हें 'रमन मेगसेसे' पुरस्कार के साथ-साथ जवाहरलाल नेहरू फेलोशिप भी मिली थी। जेल सुधारों के लिए उन्हें 2005 में मानद डॉक्टरेक्ट भी प्रदान की गई थी।

दिल्ली स्थित भारत की सबसे बड़ी जेल तिहाड़ में तैनाती के समय सुधारात्मक कदम उठाते हुए किरण बेदी ने अपनी एक अलग धाक बना ली थी। जब किरण बेदी को 7,200 कैदियों वाली तिहाड़ जेल की

महानिरीक्षक बनाया गया, तो उन्होंने वहाँ एक नया मिशन चलाया। इसके अंतर्गत उन्होंने कैदियों के प्रति सुधारात्मक रवैया अपनाते हुए उन्हें योग, ध्यान, शिक्षा व संस्कारों की शिक्षा देकर जेल में बंद कैदियों की जिंदगी में सुधार लाने की एक नई मुहिम चलाई थी। यह बहुत कठिन लक्ष्य था, किंतु दृढ़निश्चयी किरण बेदी ने तिहाड़ जेल का नक्शा बदलकर उसे तिहाड़ सुधार गृह बना दिया। इसके लिए किरण बेदी की अलग पहचान बनी। किरण बेदी के व्यक्तित्व से प्रभावित होकर रामकुमार बैसला ने अपने उपन्यास 'रिश्तों की त्रासदी' में उनके चरित्र को उकेरने की कोशिश की है। उन्होंने उपन्यास में हालाँकि किरण के नाम की जगह परिवर्तित नाम कंचन सिंह का उपयोग किया है, जिसका एक छोटा सा अंश यहाँ दिया जा रहा है—"आज रक्षाबंधन के दिन जेल में एक प्रोग्राम जेल की महानिरीक्षक श्रीमती कंचन सिंह के द्वारा प्रायोजित था। कंचन सिंह कैदियों को सुधारने लिए नया प्रोग्राम खुद तय करती और उसके लिए वह एसएसपी और दूसरे अधिकारियों को उसमें सम्मिलित करती थी। एक नई सोच और दिशा के साथ बेखौफ अपना

तत्कालीन राष्ट्रीय नेताओं की सुरक्षा करती किरण बेदी

कार्यक्रम करती रहती थी। कंचन सिंह की कई अवसरों पर प्रशंसा होती रहती। अपने प्रोग्रामों में मीडिया और इलेक्ट्रॉनिक की उपस्थिति बड़े पैमाने पर रख दी थी। आज भी जेल को फूलों से सजाया गया। उसके ग्राउंड में एक स्टेज लगाई गई। स्टेज के पास इलेक्ट्रॉनिक मीडिया के कैमरे स्टैंडों पर रखे गए। मीडिया के कैमरों को कुछ इस तरह लगाया गया कि कैमरों को स्टैंडों पर घुमाते हुए स्टेज के आगे बैठे हुए कैदी एवं अंदर से जेल की बिल्डिंग का सीन साफ तरह से आ सके। स्टेज के सामने एक तरफ प्रेस वालों के लिए कुरसियाँ लगाई गईं और दूसरी तरफ कैदियों को बैठने की व्यवस्था कर पुलिस की भारी-भरकम व्यवस्था से जेल को लैस किया गया।

तभी कार्यक्रम स्थल की तरफ बढ़ते हुई जेल महानिरीक्षक, जेलर, एसएसपी, सीओ एवं इंस्पेक्टर रविकांत और दो एक इंस्पेक्टर के साथ 15-20 सिपाही के साथ स्टेज पर पहुँचे। स्टेज पर एसएसपी, जेल महानिरीक्षक, जेलर, सीओ और साथ में गए हुए कुछ पुलिस इंस्पेक्टर, सभी अपनी-अपनी सीट पर बैठ गए। जेलर ने अपनी सीट से खड़े होते हुए हाथ में माईक उठाया और स्टेज पर बैठे हुए अधिकारियों का अभिनंदन करते हुए और सामने बैठे हुए कैदियों को संबोधित करते हुए

कहने लगे : 'आज इस रक्षा बंधन के दिन ये जो कार्यक्रम हमारी माननीय जेल महानिरीक्षक श्रीमती कंचन सिंह के नेतृत्व में···आपकी इस जेल की महानिरीक्षक, जिनके एक सफल प्रयास का एक वो कदम है, जिसके द्वारा आपको समाज की एक मुख्यधारा में इस आपराधिक पृष्ठभूमि को छोड़कर, उसमें शामिल करने के उद्देश्य से यह कार्यक्रम आयोजित किया गया है। इस कार्यक्रम का शुभारंभ अपने जिले के माननीय एसएसपी साहब श्री हरनाम सिंह के विचारों एवं उनके अनुभवों की रोशनी में आपके लिए कुछ सुझावों के साथ किया जा रहा है।

'मैं माननीय एसएसपी साहब से निवेदन करता हूँ कि इस प्रोग्राम को शुरू करने के लिए और आप सभी को अपने विचारों के द्वारा मार्गदर्शित करने के लिए मंच पर आएँ।'

इतना सुनते ही एसएसपी श्री हरनाम सिंह ने माईक पर आकर पहले मंचासीन सभी अधिकारियों का अभिनंदन करते हुए वहाँ उपस्थित सभी लोगों का धन्यवाद दिया और अपनी बात को आरंभ करते हुए फिर कहने लगे : 'जेल में बंद सभी सजायाफ्ता एवं विचाराधीन कैदियो! इस कार्यक्रम से आपके अपने जीवन में एक बदलाव की प्रक्रिया लाने की अपेक्षा करते हैं। आप सभी ने किसी भी कारणवश अपराध का जो रास्ता चुना है, उससे आपने परिवारों के लिए एक ऐसा जीवन दिया है, जिससे वे बाहर के समाज में सम्मान से जीने का उनका हक छिन गया। आपमें से आपके ही परिवारों के माता-पिता, बीवी-बच्चे और भाई-बहनों के भविष्य में आगे बढ़ने के रास्ते अवरुद्ध हो गए होंगे।

'कई बार कोई व्यक्ति भावावेश में गलत रास्ता चुनकर अपने जीवन को बरबाद कर लेता है और परिवार के लिए आत्मग्लानि अपने पीछे छोड़ देता है। उससे समाज की व्यवस्था एवं शासन की कानून व्यवस्था को ऐसी गंभीर समस्या से रूबरू होना पड़ता है, जिससे देश और समाज को एक अपूर्णनीय क्षति का सामना करना पड़ता है। इसलिए आप अपने दिमाग, अपने दिल से अपने परिवारों एवं समाज पर पड़ने वाले दुष्प्रभावों पर चिंतन करें और इस आपराधिक दुनिया से स्वयं बाहर निकलकर समाज की मुख्यधारा में सम्मिलित होने का प्रयास करें। यहाँ पर अच्छे

चाल-चलन का परिचय देते हुए कानून व्यवस्था के पालन में अपनी भागीदारी की भूमिका में अपने को जोड़ें और एक नए जीवन की शुरुआत करने के लिए प्रयास करें, ताकि आप अपने समाज की मुख्यधारा में सम्मिलित हो सकें। इन्हीं शब्दों के साथ इस कार्यक्रम में आपका पुनः स्वागत करते हुए धन्यवाद देता हूँ।' कहकर एसएसपी हरनाम सिंह अपनी सीट पर जाकर बैठ गए। जेलर ने जेल महानिरीक्षक श्रीमती कंचन सिंह को कार्यक्रम को आगे बढ़ाने के लिए अपील की। जैसे ही कंचन सिंह अपनी कुरसी से उठकर माईक की तरफ आगे बढ़ीं, कैदियों ने तालियों से उनका जोरदार स्वागत किया।

श्रीमती कंचन सिंह माइक अपने हाथों में लेकर सभी का अभिनंदन करते हुए कहने लगीं : 'आज इस रक्षाबंधन के त्योहार को आपके साथ मनाने के लिए हम उद्यत हुए हैं कि अगर आप आज अपने घर होते तो अपने परिवारों के साथ, अपनी बहनों से राखी बँधवाकर अपने को जिस गौरव के साथ एक खुशी अपने परिवारों के साथ सैलीब्रेट करते, लेकिन आप लोगों के द्वारा किए गए अपराधों के कारण आप इस खुशी के मौके पर उनसे अलग हो गए। आज इसी कमी को पूरा करने के लिए हम इस रक्षाबंधन के त्योहार को आपके साथ मनाने के लिए यहाँ आए हैं। हम आपको उसी खुशी के साथ इस रक्षाबंधन के त्योहार को मनाने के साथ आप लोगों से अच्छे आचरण एवं अच्छे व्यवहार की अपेक्षा करते हैं और अपील करते हैं कि आप एक-एक कैदी स्टेज पर आता रहे और अपने हाथों में हमसे राखी बँधवाकर यह संकल्प ले कि इस अपराध की दुनिया के माहौल से अपने को अलग रखने का सफलतापूर्ण प्रयास करेंगे।'

इतना कहने के बाद एक-एक करके कैदी श्रीमती कंचन सिंह के हाथों से अपने माथे पर तिलक लगवाकर और हाथ में राखी बँधवाकर अपने यथास्थान पर जाकर बैठ जाता। लगभग सभी लोगों में खुशी का एहसास भी हो रहा है और एक अपनेपन का भाव भी उनके मन में जाग्रत् हो रहा है।

यह उपन्यास भले ही काल्पनिक हो, लेकिन इसमें कंचन सिंह का किरदार निश्चित रूप से किरण बेदी से प्रेरित है और ऐसा उपन्यासकार

ने स्वयं स्वीकार किया है।

किरण बेदी ने अन्य पुलिस अधिकारियों के साथ मिलकर नशा करनेवाले कैदियों के सुधार के लिए नशामुक्ति अभियान चलाया और अब उनके फाउंडेशन निरक्षरता और महिला सशक्तीकरण के लिए काम कर रहे हैं।

जैसा कि पहले ही बताया जा चुका है कि जब किरण नई दिल्ली की ट्रैफिक कमिश्नर बनीं, तब तीखे तेवरों वाली इस महिला ने पार्किंग वाइलेशन करने पर भारत की तत्कालीन प्रधानमंत्री इंदिरा गांधी की गाड़ी को भी नहीं छोड़ा। किरण ने कानून को सभी नागरिकों के लिए समान मानते हुए अपना कर्तव्य निभाते हुए प्रधानमंत्री इंदिरा गांधी की गाड़ी को भी क्रेन से उठवा दिया। तब लोगों ने उनको किरण बेदी की जगह क्रेन बेदी कहना शुरू कर दिया था। यह इंदिरा गांधी जैसी नेता का बड़प्पन ही था कि किरण बेदी के इस काम पर उन्होंने सार्वजनिक रूप से किरण बेदी की तारीफ की थी और कहा था कि इस देश को आज किरण बेदी जैसे अधिकारियों की जरूरत है, जो सही को सही तरीके से करने का साहस कर सके।

किरण बेदी ने इस बात की कभी परवाह नहीं की कि लोग क्या कहेंगे। किरण बेदी की ईमानदारी और कर्तव्यपरायणता के कारण देश में और अंतरराष्ट्रीय स्तर पर उनके कामों की ख्याति ऐसी फैली कि उन्हें दुनिया के हर प्रतिष्ठित संगठन ने पुरस्कृत कर अपने आपको गौरवान्वित महसूस किया। पुरस्कार किरण बेदी के अदम्य साहस का प्रतीक मात्र थे, क्योंकि उन्होंने जो किया वह समाजसेवक होने के नाते किया, न कि पुरस्कार पाने के लिए। निःस्वार्थ कर्तव्यपरायणता के लिए उन्हें शौर्य पुरस्कार मिलने के अलावा अनेक कार्यों को सारी दुनिया में मान्यता मिली है। किरण बेदी का मानना है कि भारत जेल सुधार के विषय में दुनिया से आगे है, लेकिन यहाँ की जेलें पश्चिमी देशों की जेलों जितनी सुरक्षित नहीं हैं। मैं पुष्ट बयान दे रही हूँ, क्योंकि मैंने दुनियाभर में 40 से अधिक जेलों का दौरा किया है। हमने जितना सुधार किया है, उतना कहीं और नहीं हुआ है। जेल सुधार पर आधारित एक हिंदी फिल्म 'कलापुर' के प्रचार के दौरान किरण ने कहा

था कि पश्चिमी देशों की जेलें बहुत सुरक्षित हैं, क्योंकि वे कड़ाई से नियमों का पालन करते हैं। देश की पहली महिला आईपीसी अधिकारी किरण का कहना है कि इसलिए वहाँ की जेल से फरार होना असंभव है। लेकिन भारत में ऐसा नहीं है। वे (पश्चिमी देश) सजा देने में विश्वास रखते हैं, जबकि हम सुधारने में विश्वास रखते हैं। किरण बेदी को तिहाड़ जेल को मानवीय तरीके से सँभालने के लिए प्रतिष्ठित मैग्सेसे पुरस्कार से सम्मानित किया जा चुका है।

भारत की जेलों की तुलना अन्य देशों की जेलों से करते हुए उनका कहना है कि यहाँ हमने जेल शब्द को सुधार गृह में बदल दिया है। जेल सुधार पीपीपी मॉडल पर काम करते हैं, जहाँ जेल अधिकारी, नेता और समाज के सदस्य एक साथ आते हैं। मैंने देखा है कि एनजीओ हमेशा मदद के लिए आने के लिए तैयार रहते हैं। जेल अधिकारियों को नेताओं के साथ उनका स्वागत करना चाहिए।

□

सफल कॅरियर

नौकरी, देशसेवा और समाजसेवा तो बहुत लोग करते हैं, लेकिन जीवन धन्य और सफल उन्हीं का माना जाता है, जो कार्य को परोपकार की भावना से करते हैं। अगर किरणजी पुलिस अधिकारी नहीं बनतीं तो उनके मन में कोई और कॅरियर था क्या? इस प्रश्न का उत्तर वे स्वयं ही देते हुए कहती हैं, ''कॅरियर तो निश्चित ही होता। दरअसल, मैं एक साथ कई काम कर रही थी। पढ़ाई में टॉप कर रही थी, एनसीसी, टेनिस में भी और कॉलेज या स्कूल की अन्य गतिविधियों में भी भाग ले रही थी। यूनिवर्सिटी में गई तो वहाँ भी पढ़ाई में टॉप करना और खेल में जीतकर आना।''

इस तरह एक साथ कई काम करने से किरणजी के आसपास वाले दबाव में तो नहीं रहते हैं कि किरण बेदी इतनी जबरदस्त हैं, हर चीज बढ़िया तरीके से करती हैं। हम इनके आसपास कैसे खड़े हों। शायद किरणजी के बारे में जानने वालों के मन में अगला यही प्रश्न उठे, परंतु बेदीजी ने इसका उत्तर भी बड़े ही अच्छे ढंग से स्वयं दिया है। वे कहती हैं, ''मेरा खयाल है कि उन पर दबाव रहता है। मेरे जूनियर महसूस करते थे कि स्पीड से कैसे चलें, क्योंकि वे मेरी स्पीड जानते थे। लेकिन मैं अपना धैर्य नहीं खोती थी और उन्हें साथ लेकर चलती थी। जहाँ पर भी मैंने काम किया है, वहाँ मुझे भरपूर समर्थन मिला। अच्छा काम करने के लिए अच्छा सपोर्ट सिस्टम चाहिए। मेरे पास सपोर्ट सिस्टम बहुत बढ़िया था, मेरे माता-पिता का सपोर्ट, पति का सपोर्ट, बेटी का सपोर्ट।''

सफल व्यक्ति वही होता है, जो संकट के क्षणों में भी धैर्य बनाए

रखता है और किरण बेदी तो धैर्य की साक्षात् मूर्ति ही हैं। लेकिन एक बार जब किसी पत्रकार ने उनसे पूछा कि आप जब भी अपना धैर्य खोती थीं तो क्या अपने सीनियर के साथ भी''? इस पर उनका स्पष्ट कहना था, ''सीनियर के साथ आदर का भाव था। मेरे साथ दो तरह के सीनियर थे, पहले वे, जो बहुत अच्छे थे और जो हमेशा मुझे अपने साथ लेकर चले तथा आगे बढ़ने दिया, वहीं कुछ ऐसे भी थे, जिनके नाम मैं नहीं लेना चाहती। मुझे रोकने वाले, ईर्ष्या रखने वाले, तंग करनेवाले, स्पीड ब्रेकर

लगाने वाले, मानसिक रूप से परेशान करनेवाले, लेकिन वे मुझे रोक नहीं पाए। मैंने अपना जीवन अपने ढंग से जिया है।''

किरण बेदी ने नौकरी भी की तो अपने तरीके से। कभी वे क्रेन बेदी के नाम से मशहूर हुईं, तो कभी तिहाड़ जेल में सुधार, नारकोटिक्स ब्यूरो

सम्मान प्राप्त करते हुए किरण बेदी

में किए गए कामों से सुर्खियों में रहीं। लीक से हटकर काम करने के लिए किरणजी खुद को मानसिक रूप से कैसे तैयार करती थीं? इस शंका का समाधान एक बार उन्होंने बीबीसी के संवाददाता के समक्ष कुछ इस प्रकार किया था, ''इसी को सरकारी नौकरी कहते हैं। या तो आप नौकरी करो या सेवा। मेरे मन में नौकरी करने का भाव कभी नहीं आया, क्योंकि मैं नौकरी नहीं, सेवा करने आई थी। जब हम नौकरी करते हैं तो इतना ही याद रखते हैं कि रविवार कब आएगा, गुरुपर्व कब आएगा, छुट्टी कब होगी। लेकिन जब हम सेवा करते हैं तो हमारी सोच का दायरा बढ़ जाता है। सेवा किसकी, क्यों, कितनी और किस-किस को जोड़कर? इसलिए जब हम सेवा करने लगते हैं, तो निडर होकर काम करते हैं। हम नौकरशाही से हटकर अगर सेवा करने पर आ जाएँ तो सारी गवर्नेंस के मायने ही बदल जाएँगे।'' □

पुलिस सेवा को अलविदा

भारत की पहली महिला आईपीएस अधिकारी के रूप में अमिट छाप छोड़ने वाली सशक्त महिला अधिकारी किरण बेदी ने पुलिस सेवा को आखिरी सलामी देते हुए इस सेवा में अपनी सहयोगी महिला अधिकारियों के गुमनामी में रहने की जबरदस्त आलोचना की थी।

श्रीमती बेदी ने पुलिस सेवा में अपने 37 वर्ष के शानदार कार्यकाल को बुधवार, 26 दिसंबर, 2007 को अलविदा कह दिया। इस अवसर पर उन्होंने कहा था कि पुलिस सेवा में महिलाएँ अभी भी गुमनाम बनी हुई हैं। महिलाएँ अभी भी अनाम हैं, जबकि सरकार की नजर में उनकी सोच-समझ का कोई ठौर-ठिकाना नहीं है।

गौरतलब है कि श्रीमती बेदी ने आरोप लगाया था कि दिल्ली के पुलिस आयुक्त पद के लिए उन्हें नजरंदाज किया गया है। उन्होंने सरकार पर महिलाओं के प्रति भेदभाव बरतने का आरोप लगाया था। सरकार द्वारा डेढ़ महीने बाद उनकी स्वैच्छिक सेवानिवृत्ति के आवेदन को स्वीकार करने के बाद उन्हें सेवा से मुक्त कर दिया गया था।

बेदी ने पुलिस के कार्यों में नकारात्मक राजनीतिक दखलंदाजी पर भी कड़ा प्रहार किया। उन्होंने कहा था कि इससे देश में पुलिस की क्षमता प्रभावित होती है। आज पुलिस में सुधारों के बारे में कोई चर्चा नहीं होती

है, जबकि हमारे यहाँ कई पुलिस आयोग कार्य कर रहे हैं।

किरण बेदी का कार्यकाल विवादों से अछूता नहीं रहा है। तीन दशक पहले यातायात उल्लंघन के मामलों से सख्ती से निपटने के लिए क्रेन बेदी के रूप में चर्चित हुई पुलिस अधिकारी को राष्ट्रपति के वीरता पुरस्कार समेत कई पुरस्कारों से सम्मानित किया गया। उन्हें संयुक्त राष्ट्र के शांतिरक्षक विभाग में पुलिस सलाहकार के रूप में भी काम करने का सम्मान मिला। उन्हें उल्लेखनीय सेवा के लिए संयुक्त राष्ट्र मेडल भी प्रदान किया गया।

तिहाड़ जेल के प्रमुख के पद पर रहते उन्हें कारावास सुधार के लिए भी सम्मानित किया गया। अपने से दो साल कनिष्ठ वाई.एस. डडवाल को दिल्ली पुलिस आयुक्त बनाने पर आपत्ति जताते हुए 1972 बैच की आईपीएस अधिकारी ने सरकार पर अनदेखी करने का आरोप लगाया था।

वीआरएस लेने के फैसले के बारे में किरण ने कहा था कि सिस्टम के अंदर सुधार के लिए काम करने के बाद अब मैं सिस्टम के बाहर रहकर काम करना चाहती हूँ। मैं अब सरकार के साथ काम करने को लेकर उत्सुक हूँ, न कि सरकार के लिए।

प्राणायाम करते पुलिस अधिकारियों के संग

वैसे सच्चाई यह है कि ईमानदार और संघर्षशील व्यक्ति की ईश्वर भी कुछ अधिक ही परीक्षा लेता है। वर्षों तक देशसेवा के कार्य में अपना जी-जान लुटानेवाला हर व्यक्ति तरक्की चाहता है। किरण बेदी के साथ भी यही हुआ। दिल्ली के उपराज्यपाल ने किरण बेदी को दिल्ली का पुलिस कमिश्नर बनाए जाने की सिफारिश की थी, किंतु गृह मंत्रालय किरण बेदी के स्थान पर वाई.एस. डडवाल को यह पद देने के पक्ष में था। अत: किरण के स्थान पर 1974 बैच के वाई.एस. डडवाल को दिल्ली का पुलिस कमिश्नर बनाया गया, जिससे क्षुब्ध होकर स्वाभिमानी किरण बेदी ने 26 दिसंबर, 2007 को पुलिस सेवा से स्वैच्छिक सेवानिवृत्ति ली। उस समय वे भारतीय पुलिस अनुसंधान एवं विकास ब्यूरो के महानिदेशक पद पर थीं।

किरण बेदी की दिल्ली की पुलिस आयुक्त के तौर पर नियुक्ति की अटकलें तो बहुत लगी थीं, लेकिन राजनैतिक कारणों से वे इस पद पर नियुक्त नहीं हो पाईं, क्योंकि उनके जूनियर अधिकारी युद्धवीर सिंह डडवाल के नाम का ऐलान कर दिया गया था। डडवाल काफी विवादों

में घिरे रहे हैं और जेसिका लाल हत्याकांड के सिलसिले में भी उनका नाम सुर्खियों में रहा।

शुक्रवार, 27 जुलाई, 2007 को जब यह निर्णय आया तो किरण बेदी इस फैसले से क्षुब्ध हो उठी थीं। उन्होंने दिल खोलकर इस व्यथा को

पत्रकारों के समक्ष बयान किया था, "बहुत गलत प्रथा की शुरुआत हुई है और इससे प्रणाली की खामियाँ भी सामने आ गईं। शायद पहले भी ऐसा होता रहा होगा, लेकिन लोगों के पास आवाज नहीं रही होगी या नहीं बोले। पहली बार प्रणाली की मनमर्जी सबके सामने आ गई है।'' उन्होंने कहा था, "मैं एक खुली किताब हूँ। मुझे काम से मतलब है। मुझे किसी की सिफारिश, खुशामद और बेईमानी से कोई मतलब नहीं है। मुझे तो सिर्फ आम आदमी के लिए इनसाफ से मतलब है। शायद यही चीज मेरे खिलाफ गई है, लेकिन यह कहा नहीं जाएगा, क्योंकि कहीं भी कुछ लिखित नहीं होता है।

''मैं और कुछ नहीं सोच सकती, मेरे ऊपर कोई घोटाले का आरोप नहीं है, मेरे ऊपर किसी गलत सिफारिश पर मदद का आरोप भी नहीं है, तो फिर मुझे किनारे लगाने का कारण क्या है? मैं खुद भी जानना चाहती हूँ।

"जहाँ अहम निर्णय लिये जाते हैं, वहाँ महिलाओं की उपस्थिति प्रतीकात्मक है। निर्णय लेते वक्त उनका विचार नहीं लिया जाता। अगर वे कहीं हैं भी तो अकेली आवाज बनकर हैं।

"आप कैबिनेट का ही उदाहरण लीजिए, कोई भी महिला आवाज बुलंद नहीं है। गृह, विदेश, उद्योग, रक्षा, वित्त, वाणिज्य, उद्योग किसी भी महत्त्वपूर्ण काम में महिलाओं की क्या भूमिका है, यह आप देख सकते हैं।

"मैं बहुत खुश हूँ कि महिला हूँ। महिला होने में क्या अच्छाई और क्या बुराई है, मैं इसे देखते हुए बड़ी हुई हूँ। इसलिए मैंने अपने दिमाग में न कभी यह बात आने दी है और न आने दूँगी; शायद यह मुझे इसलिए नहीं मिला, क्योंकि मैं महिला हूँ।

"मैंने अपने आपको कभी कमजोर नहीं समझा, किसी से कम नहीं समझा। मैंने खुद को शिक्षित किया है और मानसिक रूप से इतना मजबूत बनाया है कि इस चीज में विश्वास नहीं करना चाहती, लेकिन हकीकत यह है कि नीति निर्धारक समूह में महिला की मौजूदगी कुछ लोगों में असुरक्षा की भावना भर देती है, क्योंकि महिला उनके कोर ग्रुप का हिस्सा नहीं होती हैं।

"महिलाएँ आमतौर पर नेटवर्किंग के नाम पर इकट्ठे बैठकर शराब नहीं पीतीं और शराब इस तरह के समूहों में तार जोड़ने का काम करती है, इसलिए वे दोस्त नहीं बन पाती हैं। अधिकारी को इसलिए नकारा जा रहा है, क्योंकि वे दखलंदाजी नहीं करने देंगे और कानून का शासन चलेगा।

"इन सबके बाद भी जिंदगी यहीं नहीं रुकती। स्वस्थ रही तो आगे भी बहुत कुछ करना है। जीवन के बारे में कुछ चीजें तो पहले से तय हैं और कुछ भविष्य में तय होंगी। इन सबके बारे में जनता की भावनाओं को ध्यान में रखकर फैसला लूँगी।"

वे पुलिस सेवा में क्यों आई थीं, क्योंकि जिनका समूचा व्यक्तित्व ही बोलता है कि वे सिर्फ और सिर्फ इसी सेवा के लिए जनमी हैं, उनसे भला कैसे पूछ सकते हैं? लेकिन वे सहजता से कहती हैं, "क्योंकि यही वह सेवा है, जो तुरंत न्याय देती है। यहाँ प्यार और पितृवत् धमकी के साथ

सुधार और सेवा की जाती है। मैंने इसी नजरिए से पुलिस सेवा को अपनाया।"

फिर अचानक स्वैच्छिक सेवानिवृत्ति का निर्णय क्यों? इस प्रश्न का उत्तर उन्होंने पत्रकारों को देते हुए कहा था, "मैंने पुलिस के बदलते रूप और बदलती भूमिका देखी। यहाँ रहते हुए ही यह जाना कि पुलिस में सुधार क्यों नहीं हो रहा? कौन यह सुधार होने नहीं दे रहा? अगर सबकुछ

जानते हुए भी मैं चुप रहती तो इसका मतलब है मैं इस ओहदे की गुलाम हूँ। मैं इस व्यवस्था की गुलाम हूँ। मैंने अपनी चुप्पी को तोड़ना पसंद किया और बाहर आ गई।''

आम आदमी के सामने चुनौती है कि वह सुधार की माँग किससे करे? इस प्रश्न पर किरण बेदी का कहना है, ''बिलकुल सच है, किससे माँगे और कैसे माँगे? आज हमारे राज्यों में अंतरराष्ट्रीय मानकों के अनुसार पुलिस बहुत कम है, लेकिन कितने लोगों में यह जागरूकता है? हममें से कितने लोग जानते हैं कि थाने की पुलिस का बजट राज्य से तय होता है? थाने के कर्मचारियों की विवशता से कितना परिचय है हमारा समाज? हमारे थाने के जवान कभी भी, कहीं भी, किसी भी जगह तैनात कर दिए जाते हैं, उनकी असली जिम्मेदारियाँ क्या हैं, क्या आम जनता को पता है? यही वजह है कि पुलिस प्रशासन बेफिक्र है। जब कोई सवाल करनेवाला ही नहीं है तो जवाबदेही तो गायब होगी ही। आम जनता राज्य की पुलिस बढ़ाने के लिए माँग नहीं करती। जब माँग नहीं है तो आपूर्ति कोई क्यों करेगा? माँग इसलिए नहीं है कि जानकारी का अभाव है। जनता के मौन

में अज्ञानता छुपी है। जनता को अपनी जानकारी बढ़ाकर शहर की पुलिस व्यवस्था को समझना चाहिए। शहर के मीडिया की जिम्मेदारी है कि उस सारी पुलिस व्यवस्था को प्रकाशित करे। जिस तरह हम पानी, सड़क और

बिजली के लिए एक होकर 'सड़क' पर आ जाते हैं, वैसे ही सुरक्षा के मुद्‌दे पर एक आवाज क्यों नहीं बनते?''

किसी पत्रकार ने उनसे आगे पूछ ही लिया था, ''आपने बीट प्रणाली की एक नई जानकारी हम तक पहुँचाई। क्या इतनी दुर्व्यस्थाओं के बीच और न्यूनतम स्टाफ के चलते वह सरलता से संभव है?'' तो किरण बेदी ने स्पष्ट उत्तर दिया, ''पहले तो बीट प्रणाली क्या है, यह जान लें। बीट

सिस्टम का मतलब होता है दो या तीन मोहल्लों के बीच एक बीट अधिकारी की नियुक्ति हो। वह यह जिम्मेदारी निभाएगा कि उन मोहल्लों में कहीं कोई अनैतिक कार्य न हो, जुआ-सट्टा, शराब, वेश्यावृत्ति आदि पर सख्ती से रोकथाम हो। इसके लिए स्थानीय लोगों की मदद से समूह बनाए जाएँ। अधिकारी स्वयं रात भर जागे। फिर देखिए, अपराध कैसे नहीं रुकते? मैं खुद सप्ताह में पाँच रातें जागकर अपने कांस्टेबल का हौसला बढ़ाती थी कि तुम अकेले नहीं हो, मैं भी हूँ तुम्हारे साथ। मेरे खयाल से अगर आला अधिकारियों में जबरदस्त नेतृत्व क्षमता हो तो सुधार आने में ज्यादा समय नहीं लगेगा। बीट सिस्टम और कमिश्नर सिस्टम लागू होने पर ही अपराध रुक सकेंगे।''

मीडिया से विशेष अपेक्षाओं के बारे में किरण बेदी का कहना है, ''मुझे बताएँ कि क्या मीडिया ने अब तक कोई रिसर्च किया है कि शहर की सुरक्षा की दृष्टि से पर्याप्त पुलिस है या नहीं? किसी भी शहर का पुलिस प्लान क्या है, क्या कोई जानता है? देखिए, सुरक्षा का कोई रंग नहीं होता, सुरक्षा राजनीतिक नहीं है। सुरक्षा हम सबके लिए महत्त्वपूर्ण है।

शहर के सुरक्षा प्लान की, पुलिस की तैयारी की हर नागरिक को जानकारी होनी चाहिए। अखबारों में इसे निरंतर प्रकाशित किया जाना चाहिए।''

□

समाज-सेवा की पहल

"अरे बेटी रुको!" एक माँ ने अपनी बेटी से कहा, जो परीक्षा देने जा रही थी, "कुछ मिनट रुक जाओ।"

"क्या हुआ माँ, एग्जाम को देर हो रही है।"

"देखती नहीं है, बिल्ली ने रास्ता काट दिया है।"

"तो क्या हुआ माँ! बिल्ली के रास्ता काटने से मेरे एग्जाम का क्या संबंध है?"

"बिल्ली का रास्ता काटना बड़ा ही अपशकुन होता है।"

"माँ, आज के वैज्ञानिक युग में अंधविश्वास की बातें क्यों करती हो। जानती हो, ऐसी बात का क्या परिणाम निकलता है?"

"तू कहना क्या चाहती है?" विवश माता ने पूछ ही लिया था, "बहुत बड़ी ज्ञानी हो गई है क्या तू?"

"माँ, धार्मिक अंधविश्वासों के कारण ही हमारा देश पराधीन हुआ था।"

"चल, बहस मत कर, मैं भी जानती हूँ, धर्म में अंधविश्वास का बोलबाला हो गया है, लेकिन माँ हूँ न, संतान की भलाई के लिए टोने-टोटके करने ही पड़ते हैं और शकुन-अपशकुन पर विचार करना ही पड़ता है।"

"माँ, तुम सब जानते हुए भी…" फिर बोली, "आप भी माँ, अंधविश्वास की बातें करना कब छोड़ेंगी?" कहती हुई वह लड़की एग्जाम देने चली गई थी और बिल्ली का रास्ता काटने से कुछ अपशकुन नहीं हुआ, वरन् वह तो भारत की पहली आईपीएस अधिकारी बनी।

बच्चों की प्यारी दीदी किरण बेदी

बच्चों में प्यारी दीदी के नाम से प्रसिद्ध किरण बेदी में बचपन से ही समाज-सेवा की ललक थी, लेकिन वे अंधविश्वासों में यकीन नहीं करतीं, परंतु इसका अर्थ यह नहीं कि वे ईश्वर को नहीं मानतीं। किरण बेदीजी तो उस ईश्वर को अवश्य मानती हैं, जिसने हम सबको बनाया है। उनकी श्रद्धा परम पावन दलाई लामा के प्रति भी है, बौद्ध धर्म के प्रति भी है और वेदों के प्रति भी है। वे हिंदुओं के सभी पर्व बड़े उल्लास के साथ मनाती हैं, लेकिन बाह्याडंबर, ढोंग एवं दिखावे की दुनिया से बहुत दूर हैं।

किरण बेदी ने युवा अवस्था में नौकरी करते हुए समाज-सेवा में अपनी रुचि को मूर्त रूप प्रदान करने के लिए दो स्वयंसेवी संगठनों की स्थापना भी की। सन् 1987 में उन्होंने 'नवज्योति' तथा 1994 में 'इंडिया विजन फाउंडेशन' नामक संस्थानों की शुरुआत की। इनके माध्यम से उन्होंने नशाखोरी पर अंकुश लगाने तथा गरीब व जरूरतमंद लोगों की मदद करने जैसे काम शुरू किए, जो आज भी सक्रियता के साथ काम कर रहे हैं। ये संस्थाएँ रोजाना हजारों गरीब बेसहारा बच्चों तक पहुँचकर

समाज-सेवी किरण बेदी

उन्हें प्राथमिक शिक्षा तथा स्त्रियों को प्रौढ़ शिक्षा उपलब्ध कराती हैं। 'नव ज्योति संस्था' नशामुक्ति के लिए इलाज करने के साथ-साथ झुग्गी बस्तियों, ग्रामीण क्षेत्रों तथा जेल के अंदर महिलाओं को व्यावसायिक प्रशिक्षण और परामर्श भी उपलब्ध कराती हैं। डॉ. बेदी तथा उनकी संस्थाओं को आज अंतरराष्ट्रीय पहचान तथा स्वीकार्यता प्राप्त है। नशे की रोकथाम के लिए इस संस्था को संयुक्त राष्ट्र संघ की ओर से 'सर्ज सॉइटीरॉफ मेमोरियल अवार्ड' से भी सम्मानित किया गया है।

बेदी तथा उनकी संस्थाओं ने समाज के कल्याण के लिए जिस गति से सामाजिक कार्य किए हैं, वे हर किसी के लिए प्रेरक बन गए हैं।

वे एशियाई टेनिस चैंपियन भी रही हैं। उन्होंने कानून की डिग्री के साथ-साथ 'ड्रग एब्यूज ऐंड डोमेस्टिक वायलेंस' विषय पर डॉक्टरेट की उपाधि भी प्राप्त की है। उन्होंने 'इट्स ऑलवेज पॉसिबल' तथा दो आत्मकथा 'आय डेयर' एवं 'काइंडली बेटन' नामक पुस्तकें लिखी हैं। इनके अलावा यथार्थ जीवन पर आधारित वृत्तांतों का संकलन 'व्हाट वेंट

रोंग' नाम से किया है। इसका हिंदी रूपांतर 'गलती किसकी' नाम से संकलित है। ये दोनों संकलन दैनिक राष्ट्रीय समाचार-पत्र 'द टाइम्स ऑफ इंडिया' एवं 'नवभारत टाइम्स' में डॉ. बेदी के व्यक्तिगत अनुभवों पर आधारित पाक्षिक स्तंभों से संबंधित हैं। ऐसी व्यक्तिगत उपलब्धियों के कारण ही किरण बेदी समाज को और बेहतर बनाने के लिए प्रयासरत हैं।

एक बार किसी ने उनसे पूछा था, "क्या तुम्हें नहीं लगता कि श्रद्धा या आस्था रखना लोगों की मजबूरी है?" तब उन्होंने कहा था, "मुझे मजबूरीवश आस्था रखनेवालों से कोई आपत्ति नहीं है। मेरी आपत्ति है दूसरों की मजबूरियों का गलत फायदा उठानेवालों से। ईश्वर की जरूरत हम सबको होती है। लेकिन हमें ऐसे लोग नहीं चाहिए, जो काम-धाम छोड़कर धर्म का महिमा-मंडन करें और मनुष्य को अकर्मण्य बनाएँ।"

तंत्र-मंत्र, जादू-टोना व दूसरे अंधविश्वासों को दूर करने के अभियान में किरण बेदी ने किसी भी प्रकार की कसर नहीं छोड़ी है। इसी कारण उन्हें महिला समाज-सुधारकों में अग्रणी स्थान प्राप्त हुआ है।

किरण बेदी की जंग न व्यक्तिगत है, न किसी व्यक्ति या समूह के खिलाफ। वे उन तर्कसम्मत विचारों का प्रतिनिधित्व और प्रचार करती हैं, जो रूढ़ियों का विरोध करते हैं। वे विचार, जो कबीर के आँखन देखी की तरह तर्क को अहमियत देते हैं, और जो वैज्ञानिक दृष्टिकोण के पक्षधर हैं। यह सही है कि समाज ने अंधविश्वासों के खिलाफ एक लंबी जंग लड़ी है, लेकिन आज के युग में भी अंधविश्वास फैल रहे हैं, जिन्हें किरण बेदी जैसी सुधारक चाहिए ही। अंधविश्वास के विरुद्ध पारदर्शी और अडिग विचारों को पोषण देने की लड़ाई अगर थम गई तो कोई आश्चर्य नहीं कि हमें भविष्य में 'आधुनिक युग का आदिम' कहा जाएगा।

धर्मनिष्ठ किरण बेदी पर धर्म विरोधी होने के आरोप भी लगे हैं, लेकिन उनका संगठन अंधविश्वास को खत्म करने के लिए काम करता है। इसका उद्देश्य उन लोगों का मन बदलना है, जिनमें अंधविश्वास गहरी जड़ें जमाकर बैठा है। उन्होंने कई तथाकथित धर्मगुरुओं को भी चुनौती दी थी। इनमें से कई ऐसे हैं, जिनके भक्तों की तादाद काफी बड़ी है और जो चमत्कार के दावे कर भोले-भाले लोगों को बेवकूफ बनाते

रहते हैं। यह कैसी विडंबना है कि समाज में आधुनिकता के प्रसार के साथ-साथ पाखंड और अंधविश्वास भी बढ़ा है और इसे बढ़ाने का काम भी वही लोग कर रहे हैं, जो सामाजिक बदलाव के सूत्रधार कहे जाते हैं।

अंधविश्वास को बढ़ावा देने में मीडिया की भूमिका भी कम नहीं रही है। धर्म और अध्यात्म के नाम पर कई अखबार अंधविश्वास,

कुरीतियों और पाखंड को बढ़ावा देते हैं, वहीं कई प्रमुख मनोरंजन चैनल और समाचार चैनलों पर बाबाओं का दरबार लगा रहता है। बड़ी संख्या में भक्तों के बीच चमत्कारी शक्तियों का दावा करनेवाला शख्स सिंहासन पर विराजमान होता है। लोग प्रश्न पूछते हैं और बाबा सामान्य परेशानी वाले सवालों के असामान्य जवाब देते हैं। एक छात्रा पूछती है, बाबा मैं साइंस लूँ या कॉमर्स? बाबा कहते हैं कि पहले यह बताओ, आखिरी बार रोटी कब बनाई थी, रोज एक रोटी बनाना शुरू कर दो। यह है 21वीं सदी का भारत, आधुनिक भारत, अग्नि-5 वाला भारत। कौन कहता है कि भारत में पैसे की कमी है। गरीब-से-गरीब और धनी-से-धनी इन बाबाओं के लिए अपनी झोली खोल देते हैं और किरण बेदी इन्हीं का विरोध करती हैं। □

आप की कचहरी

किरण बेदी समाज सुधार की अपनी योजनाओं के अंतर्गत आदर्श परिवार की स्थापना भी हर घर में करना चाहती हैं और इसके लिए उन्होंने कई टीवी कार्यक्रमों के माध्यम से अपनी आवाज बुलंद की है।

परिवारों में आपसी झगड़े-कलह के बीच सुलह कराने वाला लोकप्रिय शो 'आप की कचहरी' के द्वारा किरण बेदी लोगों के झगड़े सुलझाने आई थीं, तो यह कार्यक्रम सारे देश में लोकप्रियता के चरम को छू गया।

आम आदमी की जिंदगी से जुड़े इस शो में कहीं पति-पत्नी का झगड़ा था, तो कहीं सास-बहू की तनातनी। इसी वजह से यह शो लोगों के बीच काफी लोकप्रिय भी हुआ था। इससे एक तरफ जहाँ लोगों की समस्याओं का निराकरण हुआ, वहीं इन्हें देखकर आम लोगों को भी काफी कुछ सीखने को मिलता था।

कई सीजंस में चले इस शो में देश भर से लोग अपनी परेशानियाँ लेकर पहुँचे थे। हमारे कानून में जो कमियाँ हैं, उनमें एक कमी तो यह है कि वह मशीनी है। हर फैसला सबूतों पर तुलता है, फिर भी मालूम पड़ता है कि इनसाफ कम मिला, कीमत ज्यादा लगी। हमारी अदालतों और कानून को कैसा होना चाहिए, यह किरण बेदी के टीवी शो 'आपकी कचहरी' में देखा जा सकता था। इस शो में अदालत नकली होती थी, पर मुद्दई यानी पक्षकार असली। इसमें मुर्दा सबूत के आधार पर फैसला कभी एक तरफा नहीं होता। अगर किरण बेदी की इस कचहरी जैसी हर

शहर में एक दो कचहरियाँ हों, तो अदालतों में इतने मुकदमे इकट्ठा न हों, जितने इस वक्त हैं। किरण बेदी के शो की खास बात यह थी कि यह बहुत मानवीय था। बिलकुल अपनी पुरानी पंचायतों जैसा, जो आजकल खूनी फैसले देने लगी हैं और विकृत हो गई हैं। पुरानी पंचायतों का असली कार्य क्या होना चाहिए, यह आभास खाप पंचायतों को किरण बेदी ने ही करवाया है।

किरण बेदी के मन में समाज के लिए बहुत कुछ करने का जुनून है। जब पद पर रहते हुए उन्होंने तिहाड़ जैसी जेल को अपने हाथ में लिया, तब लोगों को लगा कि किरण बेदी क्या कर पाएँगी, पर किरण बेदी ने वहाँ भी बहुत कुछ करके दिखा दिया। मानवीयता और करुणा के साथ बेदी ने जेल को सुधारने की हर कोशिश की और कैदियों के साथ उनका आत्मीय रिश्ता बन गया। फिर उनके साथ नाइनसाफी हुई और जो पद उन्हें मिलना चाहिए था, वह उन्हें और उनकी वरिष्ठता को नजरंदाज करके किसी और को दे दिया गया। बहरहाल किरण बेदी की कचहरी में लोगों को इनसाफ ही नहीं मिला, मदद भी मिलती थी। आम अदालत में यदि कोई भूखा आदमी रोटी चुराने के केस में जाएगा और जुर्म साबित

होने पर (और नंगे-भूखों पर जुर्म साबित हो ही जाते हैं) कैद की सजा मिलेगी। किरण बेदी की कचहरी में अगर कोई भूखा जाए, तो उसे पहले खाना खिलाया जाएगा, फिर उसके रोजगार का कोई इंतजाम किया जाएगा, ताकि वह दोबारा भूख के चलते चोरी न करे। सुनते हैं, चीन में एक संत हुए लाओत्से। उन्हें एक बार जज बना दिया गया। उन्होंने चोर को जितनी सजा चोरी के लिए दी उतनी ही साहूकार को जमाखोरी के लिए भी दी।

किरण बेदी की कचहरी में गरीबों को मदद भी दी जाती थी। कई फरियादी वहाँ से दस-बीस और तीस हजार रुपए मदद के रूप में पा चुके हैं। यह सच है कि किरण बेदी की कचहरी की कोई कानूनी हैसियत नहीं है, और वहाँ फौजदारी मुकदमे नहीं चलते, पर यह सच है कि वे जिस तरह इनसाफ करती हैं, उसके बाद शायद ही कोई अपनी बात से फिरता हो। हमारी अदालतों को जितना मानवीय, जितना करुणापूर्ण, जितना संवेदनशील होना चाहिए, उतनी किरण बेदी की कचहरी रही है। खास बात यह कि किरण बेदी की कचहरी में कोई वकील नहीं होता, सोचिए कि अगर दोनों पक्ष बिना वकील के अदालत के सामने खड़े हों, तो किसी भी जज के लिए सच को भाँपना और फैसला सुनाना क्या ज्यादा

आसान नहीं हो जाता? किरण बेदी की कचहरी से एक रास्ता दिखाई देता है, जो सुलह, शांति और सच्चे इनसाफ का रास्ता है।

किरण बेदी ने दिल्ली के राम सिंह से मुलाकात का अनुभव बयान करते हुए सोमवार, 11 मार्च, 2013 को कहा था कि राम सिंह मानसिक रूप से कमजोर व्यक्ति नहीं था। 'आप की कचहरी' कार्यक्रम में एक बार वह अपने बस मालिक गंगाधर को लेकर किरण बेदी के पास आया था। किरण बेदी ने बताया था कि अपनी बात मनवाने के लिए राम सिंह किसी हद तक जाने वाला इनसान है।

मामला दरअसल यह था कि राम सिंह की गाड़ी दुर्घटनाग्रस्त हो गई थी और उसके हाथ खराब हो गए थे। राम सिंह वाहन के मालिक से मुआवजे की माँग करते हुए लेबर कोर्ट गया था, लेकिन वहाँ काररवाई में हो रही देरी से परेशान होकर वह किरण बेदी के एक कार्यक्रम में पहुँचा था।

पुलिस की नौकरी से सेवानिवृत्त होने के बाद किरण बेदी जब स्टार इंडिया के रियलटी टीवी शो 'आप की कचहरी' की एंकर हुआ करती थीं।

शो के दौरान किरण बेदी ने राम सिंह और गाड़ी के मालिक के बीच सुलह कराने की कोशिश की, लेकिन राम सिंह अपनी माँग पर अड़ा रहा। बस मालिक ने राम सिंह पर शराब पीकर और लापरवाही से गाड़ी चलाने का आरोप लगाते हुए मुआवजा देने से इनकार कर दिया था। फिर भी किरण बेदी के शो में बस मालिक गंगाधर राम सिंह को पाँच हजार रुपए प्रतिमाह के वेतन पर नौकरी देने को तैयार हो गया था, लेकिन राम सिंह ने नौ हजार से कम पर काम करने से मना कर दिया। और इस तरह उस शो के दौरान राम सिंह और उसके वाहन मालिक के बीच कोई समझौता नहीं हो सका।

एक दूसरे राम सिंह को लेकर, जिसने जेल में आत्महत्या कर ली थी, पर भी किरण ने अपने विचार व्यक्त किए थे। तिहाड़ जेल में ग्रिल हर जगह होती है, अपने कपड़े होते हैं, पाजामा होता है, उसका नाड़ा होता है। इसलिए अगर आप ठान लें तो आप किसी भी मौके का फायदा उठा सकते हैं। राम सिंह की आत्महत्या पर अपनी प्रतिक्रिया देते हुए किरण

बेदी ने कहा कि राम सिंह जैसे अभियुक्त से जेल में रहने वाले दूसरे कैदी भी घृणा करते हैं। जेल के बंदी इस तरह के व्यक्ति को स्वीकार नहीं करते हैं और उन पर गुस्सा निकालने का मौका ढूँढ़ते रहते हैं। जेल प्रशासन पर इस तरह के अभियुक्त को जेल के अंदर के समाज से भी बचाने की जिम्मेदारी होती है। जेल में हुई मौत की जाँच अनिवार्य है और जाँच के बाद ही पता चल पाएगा कि किन हालात में अभियुक्त राम सिंह की मौत हुई।

गौरतलब है कि दिसंबर 2012 में दिल्ली में एक चलती बस में 23 साल की पैरामेडिकल छात्रा के साथ हुए सामूहिक बलात्कार मामले में छह लोगों पर मुकदमा चला और सजा-ए-मौत सुनाई गई। राम सिंह उस केस में प्रमुख अभियुक्त था। राम सिंह को भी इस बात का अंदाजा था कि सारे सुबूत उसके खिलाफ हैं और उसके बचने की उम्मीद बहुत कम है।

राम सिंह की सुरक्षा का खयाल रखते हुए उसे स्पेशल सेल में रखा गया था, लेकिन फिर भी उसके आत्महत्या करने की संभावना से इनकार नहीं किया जा सकता था। किरण कहती हैं, "जेल में ऐसी कई सामान्य चीजें होती हैं, जिनकी मदद से कोई भी अपनी जीवन-लीला समाप्त कर सकता है।"

जेल में बंद कैदी से जुड़े तमाम पहलुओं को देखते हुए जेल अधिकारी फैसला करते हैं कि कैदी को क्या-क्या सुविधाएँ मुहैया कराई जाएँ, जिससे कैदी बचा रहे।

□

कामयाबी का श्रेय

किरण बेदी अपनी कामयाबी का श्रेय अपने माता-पिता को भी देती हैं, जिनकी प्रेरणा ने उन्हें आगे बढ़ने की शक्ति प्रदान की। किरण के पिता हमेशा से ही अपनी बेटियों को कहते थे कि 'तुम अपना जीवन खुद बनाओ, तुम किसी से कम नहीं हो, आसमान अनंत है और पढ़ाई तुम्हारा असली धन है।' बुद्धि और कार्य-कौशल में किरण लड़कों से कम नहीं। 'लोग क्या कहेंगे' इस बात की किरण ने कभी भी परवाह नहीं करते हुए अपनी जिंदगी के मायने खुद निर्धारित किए। अपने जीवन व पेशे की हर चुनौती का सामना हँसकर करनेवाली किरण बेदी साहस व कुशाग्रता की एक मिसाल हैं, जिसका अनुसरण इस समाज को एक सकारात्मक बदलाव की राह पर ले जाएगा। 'क्रेन बेदी' के नाम से विख्यात इस महिला ने बहादुरी की जो इबारत लिखी है, उसे वर्षों तक पढ़ा जाएगा।

उनके मानवीय एवं निडर दृष्टिकोण ने पुलिस कार्यप्रणाली एवं जेल सुधारों के लिए अनेक आधुनिक आयाम जुटाने में महत्त्वपूर्ण योगदान किया है। निस्स्वार्थ सेवा एवं कर्तव्यपरायणता के लिए उन्हें शौर्य पुरस्कार मिलने के अलावा अनेक कार्यों को सारी दुनिया में मान्यता मिली है, जिसके परिणामस्वरूप एशिया का नोबेल पुरस्कार कहा जाने वाला रमन मैगसेसे पुरस्कार से भी उन्हें सम्मानित किया गया। उनको मिलनेवाले अंतरराष्ट्रीय पुरस्कारों की श्रृंखला में शामिल हैं—जर्मन फाउंडेशन का जोसफ ब्यूज पुरस्कार, नॉर्वे के संगठन इंटरनेशनल ऑर्गेनाइजेशन ऑफ गुड टेंपलर्स का ड्रग प्रिवेंशन एवं कंट्रोल के लिए दिया जाने वाला एशिया

रीजन अवार्ड जून 2001 में प्राप्त अमरीकी 'मॉरीसन-टॉम निटकॉक' पुरस्कार तथा इटली का 'वूमन ऑफ द इयर 2002' पुरस्कार।

उन्होंने दो सेवा संस्थाओं की स्थापना की है। सन् 1988 में 'नव ज्योति' एवं सन् 1994 में 'इंडिया विजन फाउंडेशन'। ये संस्थाएँ रोजाना हजारों गरीब बेसहारा बच्चों तक पहुँचकर उन्हें प्राथमिक शिक्षा तथा स्त्रियों को प्रौढ़ शिक्षा उपलब्ध कराती हैं। 'नव ज्योति संस्था' नशामुक्ति के लिए इलाज करने के साथ-साथ झुग्गी बस्तियों, ग्रामीण क्षेत्रों तथा जेल में महिलाओं को व्यावसायिक प्रशिक्षण और परामर्श भी उपलब्ध कराती है। डॉ. बेदी को आज अंतरराष्ट्रीय पहचान प्राप्त है। अमिताभ बच्चन 'कौन बनेगा करोड़पति' में उनसे संबद्ध कई सवाल पूछ चुके हैं और अभिषेक बच्चन उन्हें अपना प्रेरणास्रोत मानते हैं।

□

जनलोकपाल आंदोलन और किरण बेदी

जनलोकपाल विधेयक (नागरिक लोकपाल विधेयक) के निर्माण के लिए चला आंदोलन अपने अखिल भारतीय स्वरूप में 5 अप्रैल, 2011 को समाजसेवी अन्ना हजारे और उनके साथियों के जंतर-मंतर पर शुरू किए गए अनशन के साथ आरंभ हुआ, जिनमें अरविंद केजरीवाल, मैग्सेसे पुरस्कार विजेता एवं भारत की पहली महिला प्रशासनिक अधिकारी किरण बेदी, प्रसिद्ध लोकधर्मी वकील प्रशांत भूषण, पतंजलि योगपीठ के संस्थापक बाबा रामदेव आदि शामिल थे। इस आंदोलन में किरण बेदी की भूमिका अग्रणी रही है और लोगों में जोश भरने के लिए उनका विशेष योगदान रहा। देश भर में लोग इस आंदोलन से प्रभावित हुए और किरण बेदी ने तिरंगे को लहराते हुए आजादी के आंदोलनों की याद उन लोगों के दिलों में भी ताजा की, जिन्होंने आजादी के बाद जन्म लिया है।

संचार साधनों के प्रभाव के कारण इस अनशन का प्रभाव समूचे भारत में फैल गया और इसके समर्थन में लोग सड़कों पर भी उतरने लगे। इन्होंने भारत सरकार से एक मजबूत भ्रष्टाचार विरोधी लोकपाल विधेयक बनाने की माँग की और अपनी माँग के अनुरूप सरकार को लोकपाल बिल का एक मसौदा भी दिया था। किंतु मनमोहन सिंह के नेतृत्व वाली तत्कालीन सरकार ने इसके प्रति नकारात्मक रवैया दिखाया और इसकी उपेक्षा की। इसके परिणामस्वरूप शुरू हुए अनशन के प्रति भी उनका रवैया उपेक्षापूर्ण ही रहा। किंतु इस अनशन के आंदोलन का रूप लेने पर भारत सरकार ने आनन-फानन में एक समिति बनाकर संभावित खतरे को टाला और 16 अगस्त तक संसद् में लोकपाल विधेयक पास कराने की

अन्ना हजारे को राखी बाँधते हुए

बात स्वीकार कर ली। अगस्त से शुरू हुए मानसून सत्र में सरकार ने जो विधेयक प्रस्तुत किया, वह कमजोर और जनलोकपाल के सर्वथा विपरीत था। अन्ना हजारे ने इसके खिलाफ अपनी पूर्व घोषित तिथि 16 अगस्त से पुनः अनशन पर जाने की बात दुहराई।

किरण बेदी ने इस दिन कहा था कि सच को कभी झुकाया नहीं जा सकता, दबाया नहीं जा सकता और लोग सच के आगे ही नतमस्तक नहीं होंगे तो फिर वे क्या करेंगे? क्या मिथ्या आचरण करनेवाले लोगों का साथ देंगे। किरण बेदी के प्रभावपूर्ण भाषण से प्रभावित होकर देश भर में बड़ी संख्या में धरना, प्रदर्शन और अनशन आयोजित किए गए।

परिणामस्वरूप इस आंदोलन में किरण बेदी की भूमिका शुरू से प्रभावी रही और आंदोलन से जुड़ने के लिए उन्होंने फेसबुक आदि सोशल साइटों का भी खुलकर सदुपयोग किया। अन्ना हजारे तो इस आंदोलन के सूत्रधार थे, लेकिन किरण बेदी आंदोलन की अग्रणी पंक्ति की नेतृत्वकर्ता के रूप में उभरीं। लोगों के मुख से कहते सुना जाता था कि अरे, यह तो वही किरण बेदी है, जिन्होंने कभी इंदिरा गांधी की गाड़ी को क्रेन से

उठवा लिया था, जब ऐसी कर्मठ और लौह महिला इस आंदोलन से जुड़ गई हैं, तो फिर आंदोलन को सफल होने से कोई नहीं रोक सकता। आंदोलन में किरण बेदी और अन्य कार्यकर्ताओं की भूमिका को देखते हुए और बढ़ते जनाक्रोश के आगे झुकते हुए सरकार गहरी निद्रा से थोड़ी सी जागी, यद्यपि उसकी आँखों में नींद तो अभी भी थी ही।

अप्रैल 2011 में किए गए अन्ना हजारे के अनशन की समाप्ति की शर्तों के अनुरूप सरकार ने 10 सदस्यीय लोकपाल मसौदा निर्माण समिति के गठन की घोषणा की। इसमें सरकार के 5 एवं नागरिक समाज के 5 प्रतिनिधि रखे गए। अन्ना हजारे ने सरकार के संवैधानिक प्रावधानों की बाध्यता वाले तर्क का विरोध न करते हुए किसी मंत्री को समिति का अध्यक्ष होना स्वीकार कर लिया। किंतु कपिल सिब्बल के नेतृत्व वाली इस समिति के मंत्रियों ने अपनी मनमानी की। प्रधानमंत्री और न्यायाधीशों को लोकपाल के दायरे में लाने के मुद्दे पर नागरिक समाज के प्रतिनिधियों और सरकार के बीच विरोध बना रहा।

कपिल सिब्बल ने कहा कि भविष्य में कानून बनाने के लिए नागरिक समाज की राय नहीं ली जाएगी। अंततः मंत्रियों ने अन्ना हजारे द्वारा प्रस्तुत जनलोकपाल के सभी महत्त्वपूर्ण सुझावों को मानने से इनकार कर दिया। दिखावे के लिए जनलोकपाल के वे सभी बिंदु मान लिये गए, जो सरकारी मंत्रियों और सांसदों एवं न्यायधिशों को लोकपाल की पहुँच से बाहर रखते थे।

अंततः सरकारी मंत्रियों के रवैए से निराश अन्ना हजारे के साथियों ने जनलोकपाल का मसौदा अलग से तैयार किया। इसमें किरण बेदी की अहम भूमिका रही और इस तरह समिति ने दो मसौदों का निर्माण किया जिसे केंद्रीय मंत्रिमंडल के सामने रखा गया। वहाँ भी मंत्रियों के मसौदे को तो पूर्णतः प्रस्तुत किया गया, किंतु जनलोकपाल का सारांश रखा गया। और अपेक्षा के अनुरूप मंत्रिमंडल ने मंत्रियों के मसौदे को अपनाकर संसद् में पेश करने के लिए सहमति दे दी।

4 अगस्त, 2011 को संसद् में लोकपाल विधेयक प्रस्तुत किया गया। सरकार के लोकपाल विधेयक में प्रधानमंत्री को उनके कार्यकाल के

दौरान इसके दायरे से बाहर रखा गया था। लेकिन सभी भूतपूर्व प्रधानमंत्री इसके दायरे में रखे गए थे। इसके अनुसार लोकपाल एक समिति होगी, जिसके अधयक्ष वर्तमान या सेवानिवृत्त न्यायाधीश होंगे। इसमें आठ सदस्य होंगे, जिसमें से चार कानून को जानने वाले एवं अनुभवी लोग होंगे। इसमें जाँच की समय-सीमा सात साल रखी गई थी।

भारत का 65वाँ स्वाधीनता दिवस समारोह अन्ना हजारे द्वारा अप्रैल के अनशन की समाप्ति की इस घोषणा की छाया में हुआ कि यदि 15 अगस्त, 2011 तक सरकार ने लोकपाल विधेयक पास नहीं कराया, तो वे पुनः अनशन करेंगे। 15 अगस्त से कई दिन पूर्व ही यह स्पष्ट हो चुका था कि 16 अगस्त से घोषित अनशन जरूर होगा। सरकार ने इसे रोकने की हर तरह की कोशिश आरंभ कर दी। दिल्ली पुलिस ने 1 अगस्त तक जंतर-मंतर पर अनशन की अनुमति देने से इनकार कर दिया। इसके पश्चात् अन्ना हजारे ने चार अन्य स्थान सुझाकर वहाँ अनशन करने की अनुमति माँगी, किंतु वह भी नहीं दी गई।

अंततः 13 अगस्त, 2011 को अन्ना हजारे ने घोषणा की कि यदि उन्हें अनशन की इजाजत नहीं दी गई तो वे 'जेल भरो आंदोलन' शुरू करेंगे। साथ ही उन्होंने पानी भी त्याग देने की घोषणा की। दिल्ली पुलिस ने 22 प्रतिबंधों के साथ जेपी पार्क में अनशन करने की अनुमति दी। अन्ना हजारे ने इनमें से 6 शर्तों को मानने से इनकार कर दिया। इनमें प्रदर्शनकारियों की संख्या 5000 तक सीमित रखने, अनशन 3 दिन तक ही करने, अनशन स्थल पर लाउडस्पीकर का प्रयोग न करने, टेंट न लगाने आदि की शर्तें शामिल थीं।

प्रधानमंत्री मनमोहन सिंह ने भारत के 65वें स्वतंत्रता दिवस समारोह के अवसर पर लाल किले की प्राचीर से राष्ट्र को संबोधित करते हुए एक तरफ तो भ्रष्टाचार को समाप्त करने की इच्छा जताई, मगर साथ ही उसके लिए किसी भी तरह के प्रदर्शन को असंवैधानिक करार दिया। अन्ना हजारे सारा दिन राजघाट पर चिंतन करते रहे और शाम को अनशन के जारी रखने की घोषणा की। उन्होंने कहा, "हम सुबह अनशन के लिए जेपी पार्क जाएँगे। हमें पता चला है कि वहाँ धारा 144 लगी है, पर अगर हमें

भारत स्वाभिमान मंच ने अन्ना को शुरुआती मंच दिया

वहाँ जाने से मना किया तो हम उसी जगह बैठ जाएँगे कि ले चलो जहाँ चलना है। प्रशासन हमें जहाँ भी ले जाए, हमारा अनशन वहीं होगा, हम जेल में अनशन पर बैठेंगे, वहाँ ले गए और अगर फिर छोड़ दिया तो वापस जेपी पार्क पर आकर बैठ जाएँगे।''

16 अगस्त, 2011 भारतीय सत्ता और जनता की शक्ति की परीक्षा का दिन था। पुलिस ने अनशन से निबटने की पूरी तैयारी कर रखी थी। अनशन शुरू करने के लिए तैयार होते हुए अन्ना एवं उनके साथियों को पुलिस ने दिल्ली के मयूर विहार स्थित सुप्रीम एन्क्लेव से करीब साढ़े सात बजे अनशन शुरू करने से पहले ही गिरफ्तार कर लिया। पुलिस ने वहाँ मौजूद लोगों को बताया कि वे अन्ना को अनशन स्थल ले जा रहे हैं। उन्होंने जीवन अनमोल अस्पताल के पास मीडिया और अन्ना समर्थकों को आगे बढ़ने से रोक दिया। गिरफ्तार कर दिल्ली के सिविल लाइंस पुलिस मेस ले जाए जाने के फौरन बाद उन्होंने वहीं अपना उपवास आरंभ कर दिया और पानी लेने से भी इनकार कर दिया। दिल्ली की एक विशेष अदालत में आगे आंदोलन न करने और अपने समर्थकों को आंदोलन करने के लिए न कहने जैसी शर्तों वाले निजी मुचलका न देने के बाद

बाबा रामदेव के साथ किरण बेदी

अदालत ने अन्ना हजारे, केजरीवाल और उनके सहयोगियों को सात दिनों की न्यायिक हिरासत में भेज दिया। पुलिस ने उन्हें तथा अन्य कार्यकर्ताओं को तिहाड़ जेल भेज दिया।

अन्ना हजारे की गिरफ्तारी के बाद पूरे देश में जम्मू से कर्नाटक तक और कोलकाता से जयपुर तक सैकड़ों लोगों ने सड़कों पर उतरकर विरोध प्रदर्शन और जेल भरो आंदोलन शुरू किया। केवल दिल्ली में ही 3 हजार से ज्यादा लोगों को गिरफ्तार किया गया। दिल्ली पुलिस ने दिल्ली के 12 स्टेडियमों को जेल में तब्दील कर दिया। महाराष्ट्र के अहमदनगर जिले में स्थित अन्ना हजारे के गाँव रालेगण सिद्धि में उनकी गिरफ्तारी की खबर पहुँचते ही गाँव निवासी अपने जानवरों सहित सड़क पर आ गए और रास्ता रोक दिया। दुकानें और स्कूल बंद रहे तथा सैकड़ों लोगों ने उपवास आरंभ कर दिया। देश की वाणिज्यिक राजधानी मुंबई के आजाद मैदान में बड़ी संख्या में लोगों ने एकत्र होकर जनलोकपाल बिल का समर्थन और अन्ना हजारे की गिरफ्तारी का विरोध किया। पुणे और नासिक में भी

अन्ना हजारे यानी 'मैं अन्ना हजारे' लिखी हुई गांधी टोपियाँ पहने लोगों ने मोर्चा निकाला। पटना में गांधी मैदान के पास कारगिल चौक से लेकर डाकबँगला चौराहा और बेली रोड तक अलग-अलग जत्थों में लोग सड़कों पर निकले। उनमें रोष था, किंतु वे हिंसा या तोड़फोड़ जैसी काररवाई नहीं कर रहे थे। उत्तर प्रदेश की राजधानी लखनऊ में उच्च न्यायालय के अधिवक्ताओं ने हड़ताल कर दी। जयपुर में अन्ना के समर्थन में उद्योग मैदान में तीन दिनों का क्रमिक अनशन करने का निर्णय लिया गया। चंडीगढ़, पंजाब और हरियाणा में विभिन्न स्थानों पर वकीलों, शिक्षाविदों और कार्यकर्ताओं ने रैलियाँ निकालीं। पश्चिम बंगाल की राजधानी कोलकाता सहित राज्य के विभिन्न हिस्सों में विरोध प्रदर्शन हुए।

हैदराबाद में दो जगहों पर बड़े प्रदर्शन हुए। इंदिरा पार्क में सामाजिक कार्यकर्ताओं ने प्रदर्शन किया और सौ लोग अनशन पर बैठे। दूसरी तरफ तेलुगू देशम पार्टी ने एक रैली निकाली और अपने नेता चंद्रबाबू नायडू के नेतृत्व में दिन भर का अनशन किया। विजयवाड़ा, वारंगल, तिरुपति और विशाखापत्तनम आदि में भी अन्ना के समर्थन में प्रदर्शन हुए। तमिलनाडु के चेन्नई, कोयंबटूर और मदुरई सहित कई शहरों में विरोध प्रदर्शन हुए। केरल और कर्नाटक में भी बड़ी संख्या में लोग विरोध प्रदर्शन के लिए सड़कों पर उतरे। शाम को दिल्ली के इंडिया गेट और छत्रसाल स्टेडियम में सैकड़ों लोगों ने इकट्ठा होकर मोमबत्तियाँ जलाकर विरोध प्रदर्शन किया। यह प्रदर्शन 17 अगस्त को भी तिहाड़ जेल में बंद अन्ना हजारे के समर्थन में जारी रहा। मुंबई में 5 बड़ी रैलियाँ निकाली गईं। पटना में जूनियर डॉक्टरों ने हड़ताल की। भोपाल में स्कूली बच्चों, छात्रों और प्राध्यापकों, वकीलों एवं कई सरकारी कर्मचारियों ने प्रदर्शन में भाग लिया। दिल्ली में छत्रसाल स्टेडियम प्रदर्शनकारियों का कारागार बना रहा। अंदर और बाहर हजारों लोग जमा थे, जिन्होंने अन्ना की ही तरह रिहा होने से इनकार कर दिया। शाम चार बजे हजारों लोगों ने स्वतः ही इंडिया गेट पहुँचकर जंतर-मंतर की ओर मार्च शुरू कर दिया।

अन्ना को मिल रहे देशव्यापी समर्थन के दबाव में सरकार ने उन्हें मुक्त करने का फैसला किया। 16 अगस्त की शाम साढ़े सात बजे तक

दिल्ली पुलिस ने विशेष अदालत से अन्ना की रिहाई के लिए आवेदन किया, जिसे मान लिया गया। लेकिन अन्ना ने रिहाई के बाद अपने गाँव लौट जाने या दिल्ली में तीन दिन अनशन कर लेने की शर्त के साथ रिहा होने से इनकार कर दिया और तिहाड़ में ही रात बिताई। जेल के कई कैदियों ने उनके समर्थन में भोजन लेने से इनकार कर दिया। जेल के बाहर हजारों लोगों का हुजूम उनका समर्थन करने के लिए डटा रहा। अन्ना ने बिना शर्त प्रदर्शन करने की अनुमति मिलने तक तिहाड़ जेल में ही अनशन जारी रखने का फैसला किया। 17 अगस्त को दिन भर दिल्ली पुलिस अन्ना को तिहाड़ से बाहर करने के लिए माथा-पच्ची करती रही। उसने अन्ना तथा उनके रिहा साथियों किरण बेदी तथा उनके समर्थन में पहुँचे लोगों मेधा पाटकर, स्वामी अग्निवेश आदि से भी बात की। शाम तक दिल्ली पुलिस ने उन्हें अनशन के लिए रामलीला मैदान का प्रस्ताव दिया, जिसे अन्ना ने स्वीकार कर लिया। मगर उन्होंने दिल्ली पुलिस के तीन दिन के प्रदर्शन करने की शर्त को मानने से इनकार कर दिया। उन्हें बीमार बताकर तिहाड़ से बाहर करने के लिए बुलाए गए एंबुलेंस को अन्ना समर्थकों ने जेल तक पहुँचने ही नहीं दिया। दिल्ली पुलिस ने लोगों पर बल-प्रयोग का साहस नहीं किया।

17 अगस्त की रात भी तिहाड़ ही आंदोलन की धुरी बना रहा। अन्ना कम-से-कम 30 दिनों तक अनशन से कम पर राजी नहीं थे। देर रात को दिल्ली के पुलिस आयुक्त ने किरण बेदी तथा अन्ना टीम के साथ बैठक की।

बैठक में किरण बेदी ने आंदोलन के पक्षकारों की बात बड़ी ही मजबूती से रखी और पुलिस आयुक्त को अपनी एवं अन्ना की मंशा से अवगत कराया, उसी का परिणाम हुआ कि तीन दिन तिहाड़ जेल में गुजारने के बाद जब अन्ना हजारे पौने बारह बजे बाहर निकले तो जोश से भरे हुए दिखे। उन्होंने 'इनकलाब जिंदाबाद' और 'भारत माता की जय' के नारे के साथ अपने समर्थकों का जोश बढ़ाया।

अन्ना ने समर्थकों को संबोधित करते हुए कहा, "1947 में अधूरी आजादी मिली। 1947 में मिली आजादी के लिए 1942 में आंदोलन शुरू

रामलीला मैदान में अभिनेता अनुपम खेर व किरण बेदी

हुआ था और अब 16 अगस्त से दूसरी आजादी की लड़ाई शुरू हो गई है, जिसे आपको अंजाम तक पहुँचाना है। अन्ना रहे या न रहे, लेकिन भ्रष्टाचार के खिलाफ यह मशाल जलती रहनी चाहिए। जेल के बाहर चार दिनों से बैठे आप लोगों को मैं धन्यवाद देता हूँ और बच्चे, बूढ़े और युवाओं से अपील करता हूँ कि वे अधिक-से-अधिक संख्या में रामलीला मैदान पहुँचें। कोई तोड़फोड़ न करें और राष्ट्रीय संपत्ति को नुकसान नहीं पहुँचाएँ तथा ट्रैफिक के नियमों का पूरा ध्यान रखें। वह अब उनसे रामलीला मैदान पर ही बात करेंगे।''

समर्थकों को संदेश देने के बाद अन्ना हजारे जुलूस के साथ मायापुरी की ओर रवाना हो गए। खुले ट्रक में अन्ना के जुलूस के साथ-साथ हजारों लोगों की भीड़ हाथ में तिरंगा लिये उनके साथ पैदल मार्च कर रही थी। दिल्ली की सड़कों पर ऐसा नजारा शायद ही पहले देखा गया हो, जब तेज बारिश में हाथ में झंडा लिये नारे लगाता हुआ जन-सैलाब आगे बढ़ा। मायापुरी चौक पर पहुँचने के बाद अन्ना कार से राजघाट पहुँचे।

तिहाड़ जेल में तीन दिन बिताने के बाद रामलीला मैदान को अनशन

स्वामी अग्निवेश और किरण बेदी

के लिए तैयार कर दिए जाने पर अन्ना हजारे जुलूस के साथ मायापुरी और राजघाट होते हुए 18 अगस्त को दोपहर बाद सवा दो बजे वहाँ पहुँच गए। वहाँ उनके आने का सुबह से इंतजार कर रहे समर्थकों ने नारों के साथ उनका स्वागत किया। रामलीला मैदान में मंच पर आते ही अन्ना ने भी 'भारत माता की जय, इनकलाब जिंदाबाद' के नारों के साथ अपने

समर्थकों का अभिवादन किया और उन्हें अपना संदेश दिया, "1942 में हमारे देश में एक क्रांति हुई थी, जिससे अंग्रेज चले गए थे। अंग्रेज चले गए, लेकिन भ्रष्टाचार खत्म नहीं हुआ। इसलिए अब आजादी की दूसरी लड़ाई की शुरुआत हो गई है। देश के सभी लोगों ने मेरे भाई, मेरी बहन, युवा-युवतियों ने यह जो मशाल जलाई है, इस मशाल को कभी बुझने नहीं देना। चाहे अन्ना हजारे रहे न रहे, मशाल जलती रहेगी। अभी एक लोकपाल नहीं, इस देश में पूरा परिवर्तन लाना है। देश के गरीब वर्ग को हम कैसे महल दे सकेंगे, यह सोचना है। क्रांति की शुरुआत हो चुकी है। मैं आज ज्यादा कुछ नहीं बोलूँगा, क्योंकि पिछले तीन दिनों में मेरा वजन तीन किलो कम हो गया है; लेकिन आप लोग जो आंदोलन देश में चला रहे हैं, उसकी ऊर्जा मुझे मिल रही है।

"कई देशों को युवकों ने ही बनाया है, मुझे पूरा विश्वास है इस देश का युवा जाग चुका है और अब इस देश का भविष्य उज्ज्वल है। इन गद्दारों ने देश को लूटा है, अब हम भ्रष्टाचार बरदाश्त नहीं करेंगे। अपनी आजादी को हम हरगिज भुला सकते नहीं। सर कटा सकते हैं, लेकिन सर झुका सकते नहीं। मैं खुश हूँ कि कोई तोड़फोड़ नहीं हुई और न ही राष्ट्रीय संपत्ति को नुकसान पहुँचा। अब मैं ज्यादा कुछ नहीं कहूँगा, लेकिन मैं आपसे फिर बात करूँगा।"

21 अगस्त को इस आंदोलन को नई दिशा मिली। रामलीला मैदान में समर्थकों को संबोधित करते हुए अन्ना हज़ारे ने कहा, "वैसे तो इस रामलीला मैदान में वर्षों से रावण जलता आ रहा है, मगर इस बार भ्रष्टाचार का रावण जलेगा। भ्रष्टाचार को समाप्त करने के समाधान के बाद ही हमारी लड़ाई रुकेगी। मुझे किसी का डर नहीं है, क्योंकि मेरे पास न तो कोई बैंक बैलेंस है और न ही कोई संपत्ति। मंदिर के छह गुणा आठ मीटर के कमरे में रहता हूँ।" उन्होंने लोगों का आह्वान किया कि वे अपने क्षेत्र के सांसदों के घरों पर जाएँ और उनकी सद्बुद्धि के लिए धरना दें। लोग बापू का प्रिय भजन 'रघुपति राघव राजा राम' गाएँ और सांसदों से पूछें कि लोकपाल पर उनकी राय क्या है? वे सरकारी लोकपाल के साथ हैं या जनलोकपाल के, क्योंकि आप लोगों ने उन्हें वोट दिया है। यह

आपका अधिकार है।

किरण बेदी ने भी इस दिन सांसदों की खूब क्लास ली और कड़े शब्दों में अपनी बात रखी। हालाँकि सांसदों के लिए उन्होंने जिन शब्दों का उपयोग किया, कुछ सांसदों की तो उन शब्दों को सुनकर भौंहें भी फड़कने लगी थीं, लेकिन किरण बेदी ने अन्याय और अन्यायी के आगे झुकना ही भला कब सीखा था!

22 अगस्त को सुबह से शाम तक लोगों का सांसदों और मंत्रियों के घरों के सामने जाकर प्रदर्शन करने का सिलसिला जारी रहा। केंद्रीय मंत्री कपिल सिब्बल के घर के सामने प्रदर्शन करने पर पुलिस ने 50 लोगों को हिरासत में भी लिया। इस आंदोलन को आगे बढ़ाने और खर्च के लिए पैसा जुटाने के लिए रामलीला मैदान में बनाए गए दान शिविर पर भी लोगों की लंबी कतार लगी रही। बच्चे हों या बुजुर्ग, अमीर हो या गरीब सभी अपनी क्षमता के अनुरूप इस आंदोलन के लिए दान दे रहे थे। लोग अपने घरों से खाना बनाकर यहाँ अन्ना के समर्थकों को बाँट रहे थे। धनी व्यापारी, जो ट्रक में भरकर खाने-पीने की चीजें बाँट रहा हो या फिर एक मजदूर जो रामलीला मैदान की साफ-सफाई में जुटा हो, यहाँ सभी अपनी मरजी से देश के लिए अन्ना की एक पुकार पर आ रहे थे।

अनशन के सातवें दिन अन्ना का वजन पाँच किलो कम हो गया। उनके रक्त और मूत्र में कीटोन आने शुरू हो गए। लेकिन उनका उत्साह पूर्ववत् ही बना रहा। उनके स्वास्थ्य की गिरावट एवं उसके राजनैतिक प्रभाव से चिंतित सरकार ने वार्त्ता करने के लिए प्रणब मुखर्जी को नियुक्त किया। पहले दौर की वार्त्ता काफी सकारात्मक रही। अन्ना समर्थकों के तीन मुद्दों पर मतभेद था और तीन शर्तें मानी जानी थीं। सरकारी वार्त्ताकारों ने इसके लिए अगले दिन सुबह तक का समय लिया। डॉ. नरेश त्रेहान ने मंगलवार 23 अगस्त, 2011 की शाम को अन्ना हजारे के स्वास्थ्य की जाँच करने के बाद उन्हें ड्रिप लगाने की सलाह दी थी, लेकिन इसके लिए भी उन्होंने इनकार कर दिया। रात को लोगों को संबोधित करते हुए अन्ना ने कहा कि दोपहर के बाद डॉक्टरों ने कहा था कि किडनी में कुछ समस्या आ गई है और उन्हें ड्रिप के

जरिए दवा देनी होगी। मैंने डॉक्टरों से कहा था कि मैं अपनी अंतरात्मा की आवाज सुनकर बताऊँगा कि मैं क्या करूँगा। मेरी अंतरात्मा कह रही है कि तू यह क्या कह रहा है कि दिल दिया है, जान भी देंगे और जान देने से डरता है...तो मैंने डॉक्टरों से कह दिया है कि मेरी अंतरात्मा कह रही है कि कोई दवा नहीं लेनी है। मैं मर गया तो परवाह नहीं, मेरे बाद कितने अन्ना खड़े हो गए हैं। अगर उनकी किडनी को कुछ हो जाता है, तो हजारों लोगों में से कोई-न-कोई उन्हें किडनी दे देगा। डॉक्टर की रिपोर्ट के बाद सरकार भी कुछ सोचने लगेगी और अगर सरकार की ओर से उन्हें जबरदस्ती उठाकर ले जाने के प्रयास हों, तो सारे दरवाजों पर लोग खड़े हो जाएँ और मुझे ले जाने न दें। रात भर में ही सरकार का रुख पूरी तरह बदल गया और 24 अगस्त को वह कल हुई सहमति से पीछे हट गई। उसने जनलोकपाल विधेयक को संसद् में प्रस्तुत करने से इनकार कर दिया और अन्ना के अनशन को उनकी समस्या बताया। अन्ना को जबरदस्ती अनशन स्थल से उठाने की आशंका भी बढ़ गई। 24 अगस्त बुधवार की शाम को समर्थकों को संबोधित करते हुए अन्ना

हजारे ने कहा, "हिंसा मत करो, मुझसे हिंसा सहन नहीं होगी। अगर मैं जेल जाऊँ तो आप लोग सांसदों के घर पर विरोध जताओ। राष्ट्रीय संपत्ति का कोई नुकसान मत करना। अगर पुलिस आती है तो मैं खुशी से जेल जाऊँगा। और कल से सबको जेल भरो आंदोलन करना है। देश को अहिंसा के मार्ग पर चलकर बचाना है। यह आजादी की दूसरी लड़ाई है। सरकार का रवैया लोकशाही वाला न होकर हुक्मशाही का है। यह लोकशाही के लिए बहुत बड़ा खतरा है, लेकिन मेरी विनती है कि अगर सरकार मुझे यहाँ से उठाए तो उसे कोई रोके नहीं। अब मुझे सरकार की चाल समझ आ गई है। सरकार चाहती है कि आंदोलन को तोड़ने के लिए आप लोग हिंसा करें। इसलिए हम सभी को संयम रखना है। 25 अगस्त को अनशन के 10वें दिन रामलीला मैदान में अन्ना हजारे ने कहा, "मेरा वजन सिर्फ 6.5 किलोग्राम कम हुआ है। बाकी मेरी तबीयत ठीक है। मुझे ऐसा लग रहा है कि मैं जनलोकपाल विधेयक पारित होने तक नहीं मरूँगा। मुझे आपसे काफी ऊर्जा मिल रही है।"

अन्ना हजारे के समर्थन में लगातार दसवें दिन देश भर में प्रदर्शन जारी रहा। लगातार दूसरे दिन लोगों ने प्रधानमंत्री आवास के बाहर प्रदर्शन किया। उनमें से 50 को हिरासत में ले लिया गया। अहिंसात्मक प्रदर्शनों

से घबराई सरकार की सुरक्षा के नाम पर दिल्ली पुलिस ने प्रधानमंत्री आवास के नजदीक के चार मेट्रो स्टेशनों हुडा सिटी सेंटर और जहाँगीरपुरी के बीच स्थित उद्योग भवन, रेस कोर्स और जोरबाग तथा केंद्रीय सचिवालय से बदरपुर मार्ग पर खान मार्केट मेट्रो स्टेशन को दोपहर तीन बजे से बंद करवा दिया।

अन्ना हजारे के प्रतिनिधियों और सरकार के साथ बातचीत में 24 अगस्त, 2011 को पैदा हुए गतिरोध को शांत करने की कोशिश करते हुए प्रधानमंत्री ने कहा, "सरकार जनलोकपाल सहित दूसरे विधेयक और सरकारी विधेयक पर सदन में चर्चा कराने के लिए तैयार है।" भ्रष्टाचार के मसले पर लोकसभा में चर्चा की गई। प्रधानमंत्री नेता विपक्ष और लोकसभा अध्यक्ष सहित लोकसभा ने एक स्वर से अन्ना हजारे से अनशन खत्म करने की अपील की। इसके बाद केंद्रीय विज्ञान एवं प्रौद्योगिकी मंत्री विलासराव देशमुख ने रामलीला मैदान जाकर अन्ना हजारे को सभी पार्टियों तथा संसद् की ओर से भेजा गया पत्र दिया और उनसे अनशन समाप्त करने का आग्रह किया।

जनलोकपाल सहित अरुणा राय के विधेयक और सरकारी विधेयक पर सदन में चर्चा कराने के प्रस्ताव पर अन्ना ने कहा, "संसद् में जनलोकपाल विधेयक पर चर्चा शुरू हो तो हम अपना अनशन तोड़ने पर विचार करेंगे। लेकिन हमारी तीन मुख्य माँगे हैं। राज्यों में लोकायुक्त की नियुक्ति, निचले स्तर के अधिकारियों को भी लोकपाल के दायरे में लाना और नागरिक चार्टर बनाना। ये तीनों गरीबों के लिए हैं। इन मुद्दों पर सत्ता पक्ष और विपक्ष में जब तक सहमति नहीं बनती है, तब तक उनका अनशन जारी रहेगा।"

प्रधानमंत्री और पूरी संसद् द्वारा अपने स्वास्थ्य पर चिंता जताए जाने पर अपनी प्रतिक्रिया देते हुए अन्ना हजारे ने कहा, "इसके लिए हम उन्हें धन्यवाद देते हैं। लेकिन मेरे स्वास्थ्य की चिंता आज उन्हें हुई। अन्ना के स्वास्थ्य की चिंता है उन्हें, तो वे 10 दिनों से कहाँ थे। दरअसल, चिंता उन लोगों को है, जो यहाँ आए हुए हैं। एयर कंडीशन में बैठने वालों को अन्ना के स्वास्थ्य की चिंता नहीं है।" अन्ना ने विलासराव को दिए गए

पत्र में प्रधानमंत्री को लिखा, ''हमारे मन में हमारी संसद् के प्रति अपार सम्मान है, हमारी संसद् हमारे जनतंत्र का पवित्र मंदिर है। मैं अनशन पर अपने किसी स्वार्थ के लिए नहीं बैठा, जिस तरह से आप लोग देश की भलाई के लिए काम कर रहे हैं, उसी तरह से मैं भी देश के लोगों के बारे में ही सोचता रहता हूँ। मेरे पास किसी प्रकार की कोई सत्ता नहीं है। मैं एक बहुत सामान्य आदमी हूँ और समाज व गरीब जनता के लिए कुछ करने की भावना रखता हूँ। हमारा आंदोलन किसी व्यक्ति या पार्टी के खिलाफ नहीं है। हम भ्रष्टाचार के खिलाफ हैं। हम भ्रष्ट व्यवस्था में परिवर्तन चाहते हैं। यदि हमारे आंदोलन के दौरान मेरे अथवा मेरे किसी साथी के द्वारा कुछ ऐसे शब्द कहे गए हों, जिससे आपको या किसी अन्य व्यक्ति को चोट पहुँची हो तो मैं हम सबकी तरफ से खेद व्यक्त करता हूँ। किसी को आहत करना हमारा मकसद नहीं है।

"हर राज्य में इसी कानून के जरिए लोकायुक्त भी बनाए जाएँ, हर विभाग में जन समस्याओं के लिए सिटिजंस चार्टर बनाया जाए, जिसे न मानने पर संबंधित अधिकारी पर काररवाई हो और तीसरा यह कि केंद्र सरकार के ऊपर से नीचे तक सभी कर्मचारियों और राज्य के सभी कर्मचारियों को इसके दायरे में लाया जाए। क्या इन तीन बातों पर संसद् में प्रस्ताव लाया जा सकता है? मुझे उम्मीद ही नहीं यकीन है कि हमारे सभी सांसद देश की जनता को भ्रष्टाचार के रोज-रोज की जिल्लत से निजात दिलाने के लिए राजी हो जाएँगे। मेरी अंतरात्मा कहती है कि इन बातों पर अगर संसद् में सहमति होती है तो मैं अपना अनशन तोड़ दूँ। जनलोकपाल बिल की बाकी बातें, जैसे चयन प्रक्रिया आदि भी भ्रष्टाचार को रोकने के लिए अत्यंत महत्त्वपूर्ण हैं। मैं मेरी जनता के साथ तब तक रामलीला मैदान में बैठा रहूँगा जब तक बाकी सारे मुद्दों पर संसद् में निर्णय नहीं हो जाता, क्योंकि यही जनता की आवाज है। मेरे साथ देश भर में इतने लोग इस उम्मीद से जुड़े हैं कि उन्हें भ्रष्टाचार से निजात मिलेगी। इसके लिए जरूरी है कि राज्यों में भी लोकायुक्त के गठन के लिए कानून पास हो। आम लोगों को रोजाना जिन अधिकारियों के भ्रष्टाचार से दो-चार होना पड़ता है, उनके भ्रष्टाचार से लड़ने की व्यवस्था हो। इसी तरह सभी

सरकारी सेवाओं के लिए समय-सीमा तय हो और उन्हें समय पर पूरा न करनेवाले अधिकारी पर जुरमाना लगे।

प्रधानमंत्री आवास में अन्ना की इस चिट्ठी पर विचार-विमर्श भी किया गया, किंतु अगले दिन सरकार का रवैया पहले जैसा ही बना रहा। इसके साथ ही सरकार ने विज्ञापनों एवं अन्य साधनों से संचार माध्यमों का एक वर्ग तैयार कर लिया था, जो अब उनके पक्ष को ठीक ठहराने की कोशिश कर रहा था। कई संचार माध्यम अन्ना टीम के बीच फूट, प्रदर्शकों के बीच लोकपाल की कम समझदारी आदि विषय उठाने लगे थे। इसके बावजूद यह आंदोलन निरंतर जारी था और

सरकार पर दबाव बढ़ रहा था। संसद् की काररवाई का सीधा प्रसारण देखकर एवं नेताओं के बयान तथा चेहरे देखकर जनता अन्ना के साथ रहने के निर्णय पर अटल थी।

26 अगस्त को 11 दिनों तक चुप रहने के बाद लोकसभा में कांग्रेस के भावी कर्णधार माने जाने वाले राहुल गांधी ने कहा, ''लोकतंत्र की गरिमा को कम करना एक खतरनाक चलन है। व्यक्तिगत रूप से कई लोगों ने देश को महत्त्वपूर्ण योगदान दिया है, लेकिन यह समझना जरूरी है कि लोकतांत्रिक प्रक्रिया का अपना महत्त्व है। लोकतांत्रिक प्रक्रिया लंबी जरूर होती है, पर इससे सभी को अपना विचार रखने का मौका मिलता है। पिछले दिनों में यह समझ बनाई जा रही है कि एक लोकपाल कानून आने से भ्रष्टाचार से निजात मिल जाएगी, लेकिन यह गलत है, सिर्फ एक लोकपाल कानून लाने से भ्रष्टाचार खत्म नहीं होगा, बल्कि इसके लिए कई और चुनौतियों के हल ढूँढ़ने होंगे।'' इसकी प्रतिक्रिया में किरण बेदी ने ट्विटर पर लिखा, ''ऐसा हो सकता है कि एक लोकपाल काफी न हो, पर शुरुआत तो करिए।'' राहुल गांधी के बयान से आक्रोशित अन्ना हजारे के समर्थकों ने शुक्रवार को उनके तुगलक रोड स्थित आवास के बाहर प्रदर्शन किया और जमकर नारेबाजी की। पुलिस ने अन्ना के 50 समर्थकों को हिरासत में ले लिया। राहुल गांधी ने अपने घर के बाहर प्रदर्शन कर रहे अन्ना समर्थकों के लिए कोल्ड ड्रिंक्स और समोसे भिजवाए।

27 अगस्त को सरकार ने संसद् में अन्ना की प्रमुख तीन माँगों पर बहस कराई, रात 8 बजे तक संसद् के दोनों सदनों ने ध्वनि मत से इन शर्तों के पक्ष में विचार करने के लिए उसे स्थायी समिति के पास भेजने का प्रस्ताव पारित कर दिया।

संसद् के दोनों सदनों में शनिवार को लोकपाल मुद्दे पर अन्ना हजारे की माँगों के अनुरूप लाए गए प्रस्ताव पर सैद्धांतिक रूप से सहमति बनने के बाद प्रधानमंत्री मनमोहन सिंह का पत्र लेकर केंद्रीय विज्ञान एवं प्रौद्योगिकी मंत्री विलासराव देशमुख, सांसद संदीप दीक्षित और पूर्व केंद्रीय मंत्री विलास मुत्तेमवार ने रामलीला मैदान जाकर अन्ना को दिया। इसके बाद अन्ना हजारे ने समर्थकों को संबोधित करते हुए कहा, ''जनलोकपाल

की यह आधी जीत हुई है। पूरी जीत अभी बाकी है। यह पूरी युवा शक्ति की जीत है। यह जनता की जीत है। यह सामाजिक संगठन की जीत है। यह मीडिया की जीत है। कल सबेरे 10 बजे आप सभी की उपस्थिति में मैं अपना अनशन खत्म करना चाहता हूँ, वह भी आपकी अनुमति से। आप जश्न जरूर मनाएँ, लेकिन ध्यान रखें कि इससे शांति भंग न हो और किसी को परेशानी न हो।''

किरण बेदी ने आशंका व्यक्त की थी, "सरकार की नीयत साफ नहीं लगती, लेकिन फिर भी सरकार की बातों पर विश्वास कर रहे हैं।"

अनशन तोड़ने के बाद अन्ना ने आंदोलन को सफल बनाने में देश की जनता, खासतौर से युवाओं, मीडिया, पुलिस और उनकी देख-रेख में लगे चिकित्सकों को धन्यवाद देते हुए कहा, ''मैंने अपना अनशन सिर्फ

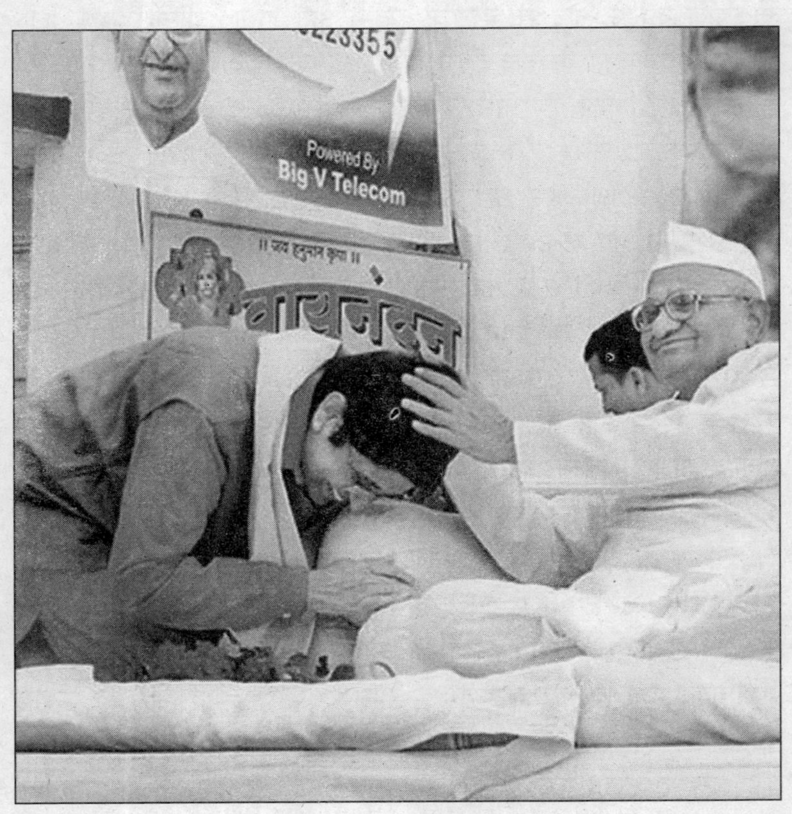

स्थगित किया है, लेकिन हमारी लड़ाई जारी रहेगी। असली अनशन पूरी लड़ाई जीतने के बाद टूटेगा। लड़ाई पूरी होने तक पूरे देश में घूमूँगा। उन्हें विश्वास है कि उनके माध्यम से सामने लाए गए जनता के मुद्दों से संसद् इनकार नहीं करेगी। लेकिन यदि संसद् ने इनकार कर दिया, तो जन-संसद् को तैयार रहना होगा। आज यह बात साबित हो गई है कि जन-संसद दिल्ली की संसद् से बड़ी है। जन-संसद् जो चाहेगी, दिल्ली की संसद् को उसे मानना होगा। हमें बाबा साहेब अंबेडकर के बनाए संविधान के तहत इस देश में परिवर्तन लाना है। आज यह साबित हो गया है कि परिवर्तन लाया जा सकता है। हम भ्रष्टाचार मुक्त भारत का निर्माण कर सकते हैं। अभी यह शुरुआत है। लंबी लड़ाई आगे है। किसानों का सवाल है, मजदूरों का सवाल है। पर्यावरण, पानी, तेल जैसे तमाम मुद्दे हैं। गरीब बच्चों की शिक्षा का सवाल है। हमें चुनाव सुधार भी करने हैं। पूरी व्यवस्था बदलनी है। हमारा असली अनशन इस पूरे बदलाव के बाद ही टूटेगा। आज देश में इतना बड़ा आंदोलन हुआ, लेकिन पूरी तरह अहिंसक। दुनिया के सामने आप सभी ने मिसाल रखी है कि आंदोलन कैसे करना चाहिए। इस आंदोलन की यह सबसे महत्त्वपूर्ण बात रही है।''

किरण बेदी आंदोलन में बड़ी सक्रियता के साथ अपनी भूमिका निभा रही थीं। उन्होंने तो स्पष्ट कहा था कि हम अपने लिए नहीं, देश के लिए लड़ रहे हैं और आजादी की दूसरी लड़ाई के लिए हम तन-मन-धन सबकुछ न्योछावर करने के लिए तैयार हैं। सरकार के साथ वार्त्ता और सुलह-समझौतों की प्रक्रिया भी इस दौरान चलती रही थी, जिसमें किरण बेदी की अहम भूमिका रही। हालाँकि पहले दौर की वार्त्ता में ही असफल रहने के संकेत मिले थे। सरकार ने वार्त्ता को संतोषजनक बताया था। सरकार ने अन्ना की सेहत पर चिंता जताई और कहा कि बुधवार सुबह फिर वार्त्ता की जाएगी। अन्ना दल के सदस्यों ने कहा कि सरकार और हमारे बीच तीन मुद्दों पर असहमति है। सरकार ने इन पर विचार के लिए बुधवार सुबह तक का समय माँगा है। सरकार ने अन्ना से अनशन तोड़ने की भी अपील की है। लेकिन जो बातचीत हुई, उसमें सार कुछ नहीं निकला कि हम अन्नाजी से अनशन तोड़ने को कहें।

अनशन की समाप्ति पर प्रफुल्लित किरण बेदी तिरंगा लहराते हुए

वार्त्ता के निष्कर्ष के कुछ बिंदु इस प्रकार हैं–

- वार्त्ता में सरकार कुछ मुद्दों पर सहमत हो गई थी।
- प्रधानमंत्री लोकपाल के दायरे में।
- न्यायपालिका के लिए अलग कानून।
- सीबीआई का एंटी-करप्शन सेल लोकपाल के अधीन काम करेगा।
- किंतु अभी कई विषयों पर सहमति नहीं बन पाई थी।
- जूनियर कर्मचारियों को लोकपाल के दायरे में लाने पर।
- राज्यों में एक साथ लोकायुक्त की नियुक्ति।
- हर काम की अवधि तय करना, न होने पर अफसर का वेतन काटा जाएगा।

  इसके साथ ही अन्ना के सहयोगी कुछ शर्तों पर सरकार की मंजूरी भी चाहते थे।
- स्थायी समिति के पास नहीं, सीधा संसद् में पेश हो जनलोकपाल बिल।

- सरकारी बिल स्थायी समिति से वापस लिया जाए या रद्द हो।
- यूपीए व कांग्रेस सदन में समर्थन का आश्वासन लिखित में दे।
- जनलोकपाल बिल इसी सत्र में पारित हो, जरूरत हो तो सत्र आगे बढ़ाया जाए।

सुबह अन्ना के सहयोगियों के साथ पुनः वार्त्ता को ध्यान में रखकर देर रात प्रधानमंत्री ने अन्ना मसले को लेकर आपात बैठक बुलाई और वरिष्ठ मंत्रियों के साथ चर्चा की। इसके तुरंत बाद कांग्रेस कोर ग्रुप की बैठक भी हुई। मगर इन सारी कवायदों का परिणाम 24 अगस्त को अपेक्षा के उलटे रूप में सामने आया था। सरकार का रुख बिलकुल बदल गया था। प्रणब मुखर्जी के साथ बातचीत के बाद कहा गया था कि मंगलवार को हुई वार्त्ताओं में सरकार का रुख काफी सकारात्मक था, लेकिन बुधवार को सबकुछ बदला-बदला सा नजर आया। सरकार ने साफ कर दिया है कि वह जनलोकपाल बिल को पेश नहीं करेगी।

किरण बेदी ने कहा कि प्रणब मुखर्जी बुधवार को बैठक शुरू होते ही गुस्से में दिखे और कह रहे थे कि जो आपको करना हो करते रहो। अन्ना के अनशन के बारे में सरकार ने कहा कि वे उनकी अर्थात् नागरिक समाज और अन्ना हजारे की समस्या है। एक दिन और रात में सरकारी रवैए में इतना फर्क क्यों आया, मुझे नहीं मालूम। मंगलवार को वे हमारी बातें सुन रहे थे, पर आज वे अपनी बातें सुना रहे थे। कल वे हमारी बातों की इज्जत कर रहे थे। कल और आज में दिन-रात का फर्क आया है।

अन्ना ने तीन बातों के स्वीकृत होने पर अनशन छोड़ने का आश्वासन दिया। 27 अगस्त को संसद् की काररवाई के साथ ही अन्ना के सहयोगियों से भी लगातार वार्त्ता चल रही थी। मगर सरकार अपना रुख स्पष्ट नहीं कर रही थी। अंततः शाम तक इन वार्त्ताओं का परिणाम अन्ना की तीन माँगों पर संसद् के समर्थन के प्रस्ताव के रूप में आया। जिसकी सूचना देने के लिए फिर से विलास राव देशमुख प्रधानमंत्री का पत्र लेकर रामलीला मैदान आए, जिसके पश्चात् अन्ना ने 28 अगस्त, 2011 को अनशन स्थगित करने की घोषणा की।

13 दिनों तक चले अनशन के कारण अन्ना के वजन में साढ़े सात किलो की कमी आ गई थी। उनका रक्तचाप काफी कम हो गया था। 13 दिनों से अन्ना के स्वास्थ्य की लगातार जाँच करनेवाले डॉक्टर त्रेहान ने बताया कि अन्ना के शरीर में पानी की कमी हो गई है और वे काफी कमजोर हो गए हैं। उनके स्वास्थ्य पर नजर रखने के लिए उन्हें कुछ दिनों के लिए गुड़गाँव के एक अस्पताल में भरती कर दिया गया।

27 अगस्त, 2011 को संसद् में अन्ना की माँगों पर सहमति बनने और 28 अगस्त को अन्ना द्वारा अनशन समाप्त करने की घोषणा के साथ ही पूरा देश जश्न में डूब गया। राजधानी दिल्ली, मुंबई, कोलकाता, पटना, राँची, लखनऊ, बेंगलुरु, शिमला, जयपुर, रायपुर, गांधीनगर सहित पूरे देश में दीवाली जैसा माहौल बन गया। दिल्ली में अन्ना हजारे के समर्थक अपनी खुशी का इजहार करने के लिए तिरंगा लहराते और नारे लगाते हुए इंडिया गेट पहुँचे। लोग देशभक्ति के गीतों पर झूमते नजर आए। कई व्यक्ति कारों से निकलकर जुलूस में शामिल हो गए। राजधानी रायपुर सहित छत्तीसगढ़ के बिलासपुर, कोरबा, रायगढ़ में भी अन्ना हजारे के समर्थकों ने पटाखे फोड़े और विजय के उपलक्ष्य में नारे लगाए। पटना के विभिन्न मोहल्लों में लोगों ने पटाखे छोड़े तो कई लोगों ने मिठाइयाँ बाँटी। कारगिल चौक पर पिछले 12 दिनों से अन्ना के समर्थन में धरना और अनशन पर बैठे लोग शनिवार देर शाम जश्न मनाने में मशगूल हो गए। कई लोगों ने मंदिर में जाकर भगवान् का शुक्रिया अदा किया और अन्ना हजारे के स्वास्थ्य का ध्यान रखने की प्रार्थना की। पटना के साथ ही राज्य के दरभंगा, पूर्णिया, सहरसा, मुजफ्फरपुर, भागलपुर सहित कई जिलों में जनता की इस जीत का जश्न मनाया गया।

वास्तव में यह केवल नैतिक जीत थी। इतिहास जरूर बना था, किंतु कागजों पर किसी ठोस चीज का निकलकर आना अभी बाकी था। हाँ, इसने उसके लिए रास्ता जरूर बना दिया था। अन्ना के तीन शर्तों के समर्थन का प्रस्ताव संसद् ने स्थायी समिति को भेज दिया था, जिसे मानना उसके लिए कानूनी रूप से बाध्य नहीं था। आगे स्थायी समिति को इन सभी सुझावों का विश्लेषण करने और यह भी तय करने का अधिकार था

कि वे कितने व्यावहारिक हैं। संसद् ने सरकार के उस मूल तर्क को सैद्धांतिक रूप से कायम रखा था कि कानून बनाने में संसद् की भूमिका सर्वोपरि है और उस पर सवाल नहीं उठाए जा सकते।

संसद् में दिन भर चली बहस के बाद डीएमके, बहुजन समाज पार्टी, मार्क्सवादी कम्युनिस्ट पार्टी, भारतीय कम्युनिस्ट पार्टी, समाजवादी पार्टी और बीजू जनता दल ने यह साफ कर दिया था कि लोकायुक्त की नियुक्ति में संसद् की भूमिका नहीं होनी चाहिए, क्योंकि इससे राज्यों की स्वायत्तता प्रभावित होगी। इनमें से कुछ दलों ने ऐसे किसी कदम के विरोध करने की मंशा भी साफ कर दी थी। निचली नौकरशाही को भी लोकपाल के अंतर्गत लाने को कांग्रेस ने स्वीकार तो कर लिया, लेकिन यह भी कहा कि इसके लिए कानूनी और संस्थागत ढाँचे में मूलभूत परिवर्तन अभी किया जाना है।

सांसदों ने जनलोकपाल बिल की संसद् के अंदर सांसद के व्यवहार को लोकपाल के कार्य-क्षेत्र में लाने की धारा का दलगत भावना से ऊपर उठकर एक स्वर में विरोध किया था। कई दलों ने न्यायपालिका को भी इसके दायरे में लाने का विरोध किया था। कुछ दलों ने इसके बदले राष्ट्रीय न्यायिक आयोग बनाए जाने की वकालत की और कुछ ने मजबूत जवाबदेही विधेयक लाने पर जोर दिया था। प्रधानमंत्री को भी इसमें शामिल किए जाने के मुद्दे पर भी सरकार ने कोई वचन नहीं दिया। भाजपा समेत कई दलों ने कुछ एहतियात के साथ प्रधानमंत्री को भी इसमें शामिल किए जाने का जरूर समर्थन किया।

दो और महत्त्वपूर्ण माँगों, सीबीआई की भ्रष्टाचार विरोधी इकाई को लोकपाल के अंतर्गत लाने और भ्रष्ट नौकरशाहों को बरखास्त किए जाने के तरीके पर अंतिम निर्णय भी स्थायी समिति पर छोड़ दिया गया था।

इस जनांदोलन ने राजनीतिक दलों के चेहरों पर पड़े लोकहितैषी नकाब को हटाकर स्वार्थी सत्ताकांक्षी और जनविरोधी चरित्र को स्पष्ट कर दिया। विपक्षी दलों के साथ ही इसमें सबसे विकृत चेहरा केंद्र के सत्ताधारी दल भारतीय राष्ट्रीय कांग्रेस का नजर आया। उसके वकील मंत्रियों कपिल सिब्बल, पी. चिदंबरम आदि ने स्वयं को शासक एवं अन्ना

हजारे की टीम को गुलाम मानकर तुगलकी आदेश और बयान जारी किए।

अन्ना और उसके सहयोगियों पर लगे कुछ आक्षेपों पर भी हम थोड़ी चर्चा करेंगे। इस दौरान कांग्रेस प्रवक्ता मनीष तिवारी ने अन्ना हजारे पर व्यक्तिगत रूप से आक्षेप लगाते हुए कहा था कि अन्ना भ्रष्ट हैं। इसके लिए उन्होंने कांग्रेस सरकार द्वारा गठित न्यायमूर्ति सावंत की रपट का संदर्भ दिया था, जिसमें अन्ना को दोषी ठहराया गया था। उन्होंने यह नहीं बताया था कि न्यायमूर्ति सावंत की रपट के बाद इस मुद्दे पर सुखतांकर आयोग ने जाँच की थी और अन्ना को आरोप मुक्त कर दिया था। इस आंदोलन ने प्रधानमंत्री मनमोहन सिंह, वित्त मंत्री प्रणब मुखर्जी, कांग्रेस महासचिव राहुल गांधी, अंबिका सोनी आदि के साथ ही विपक्ष की नेता सुषमा स्वराज, लालकृष्ण आडवाणी, सीताराम येचुरी आदि का कद भी छोटा कर दिया। मनमोहन सिंह ने संसद् में इस आंदोलन के पीछे विदेशी शक्तियों का हाथ होने की चेतावनी दी। अंबिका सोनी ने इसे साफ करते हुए अमेरिका का नाम उजागर किया।

सभी नेताओं ने बार-बार संसद् की सर्वोच्चता की दुहाई दी और लोगों के प्रयासों को अराजक कारस्वाई ठहराने की कोशिश की। वे यह भूल गए कि भारतीय संविधान की प्रस्तावना हम भारत के लोग से शुरू होती है, जो भारत को संप्रभु, लोकतांत्रिक, समाजवादी और धर्मनिरपेक्ष गणतंत्र बनाएँगे।

सरकार और सरकार में बैठे लोगों के हितैषियों एवं चाटुकारों ने प्रत्यक्ष और परोक्ष रूप से इस आंदोलन को दबाने में कोई कसर नहीं छोड़ी। प्रशांत भूषण पर भ्रष्टाचार के आरोप लगे। दिग्विजय सिंह ने प्रश्न उठाया कि अन्ना के आंदोलन को पैसा कहाँ से आ रहा है? इस पर किरण बेदी ने कहा कि यह आंदोलन आम जनता का है, और आम जनता ही अपने खर्च पर आंदोलनकारियों के लिए खान-पान की व्यवस्था कर रही है। जो भी सहयोग दे रहा है, वह स्वेच्छा से दे रहा है, क्योंकि इस व्यवस्था से सभी परेशान हैं, यही कारण है कि सारा देश बदलाव चाहता है। भ्रष्टाचार मुक्त भारत बनाने के लिए आज सारा हिंदुस्तान जाग उठा है, इसलिए अब सरकार को भी जाग जाना चाहिए।

सरकार ने फूट डालने और आंदोलन की धार कम करने के लिए इसको धर्म और जाति के आधार पर बाँटने की कोशिश की। इमाम बुखारी को आगे करके कहा गया कि मुसलमान इस आंदोलन से दूर रहें। इसी तरह अनुसूचित जनजाति आयोग के अध्यक्ष ने यहाँ तक कह डाला कि इससे नीची जातियों का कोई सरोकार नहीं है। सिविल सोसाइटी के साथ अनेकों दौरों की चर्चा में सरकारी पक्ष (कपिल सिब्बल, पी. चिदंबरम आदि) जनलोकपाल विधेयक के मुख्य मुद्दों को प्रस्तावित विधेयक में मिलाने से अंत तक इनकार करते रहे।

सरकार ने स्थायी समिति को सरकारी लोकपाल बिल सौंपकर समय काटने का रास्ता निकाला। राहुल गांधी ने लोकायुक्त को संवैधानिक संस्था बनाने का सफूगा छोड़कर इसकी महत्ता कम करने की कोशिश की। शनिवार 26 अगस्त को बुलाए गए संसद् के विशेष अधिवेशन में चर्चा के दौरान भी कांग्रेस एवं उसके सहयोगी दलों ने कुछ भी स्पष्ट नहीं कहा था। सबकुछ गोल-मटोल भाषा में बोलते रहे। आम जनता को कभी जानने नहीं दिया कि अब आगे क्या करने जा रहे हैं। हर समय प्रक्रिया को अस्पष्ट बनाए रखा गया।

अब यह लगभग साफ हो गया है कि स्वामी अग्निवेश सरकार के गुप्त एजेंट की तरह से काम कर रहे थे और अन्ना के दल का आंतरिक भेद सरकार को दे रहे थे। भ्रष्टाचार के खिलाफ मुहिम के राष्ट्रीय जनांदोलन का रूप लेने के पीछे आंदोलन के नेतृत्वकर्ता अन्ना हजारे का व्यक्तित्व और कृतित्व के साथ ही एक कुशल टीम के सही और समयोचित लिये गए निर्णय भी शामिल थे। किरण बेदी आदि समर्थ लोगों की टीम ने इस आंदोलन को निरंतर सही रास्ते पर रखा और उसके पथभ्रष्ट होने की गुंजाइश समाप्त कर दी। आंदोलन के दौरान सरकार ने 'फूट डालो और राज करो' की नीति पर भी काम किया। अग्निवेश प्रकरण इसका एक उदाहरण था।

25 मई, 2012 को अन्ना हजारे को जंतर-मंतर पर जनलोकपाल विधेयक और विसल ब्लोअर विधेयक को लेकर एक दिन का सांकेतिक अनशन करना पड़ा। इसने सांसदों पर उचित विधेयक के निर्माण के लिए

अतिरिक्त दबाव बनाना शुरू किया। संसद् में चल रही और टीवी, पत्र-पत्रिकाओं के माध्यम से उठाए जाने वाले सवालों का टीम के सदस्य ट्विटर, साक्षात्कार आदि माध्यम से तथा लेख लिखकर निरंतर सही जवाब देते रहे। इसने सरकार के गलत तर्कों को समाप्त किया और आंदोलन के विरोध में जनमत को मोड़ने की सरकार एवं राजनीतिक दलों की सारी कोशिशें बेकार गईं।

अंततः बिना किसी ठोस लगने वाले आश्वासन के लिए सरकार को बाध्य किए, अन्ना के स्वास्थ्य को ध्यान में रखते हुए मई आंदोलन एक दिन में ही समाप्त हो गया। कानूनी रूप से टीम को एक प्रस्ताव मात्र मिला था, जिसकी माने जाने की कोई बाध्यता नहीं थी। परंतु इसके पीछे जनता की इतनी ताकत मिल चुकी थी कि सरकार के लिए यह कानून से भी अधिक अनुपालनीय हो गया था। अन्ना हजारे तो सीधे-सीधे गांधीवादी हैं, इसलिए सरकार के बहकाए में आ गए, लेकिन किरण बेदी सरकार की चाल अच्छी तरह समझती थीं।

अब केजरीवाल चालाकी दिखाकर अन्ना से अलग हो गए और अपनी पार्टी बना ली तथा अन्ना अपनी ही राह पर चलते रहे। लेकिन किरण बेदी अन्ना के साथ कदम से कदम मिलाकर चल रही थीं और एक बार फिर जनलोकपाल के लिए अन्ना को 9 दिसंबर, 2013 में अपने ही गाँव में अनशन पर बैठना पड़ा। अंततः सरकार को विवश होकर लोकपाल बिल लोकसभा और राज्यसभा में पास कराना पड़ा और राष्ट्रपति ने भी 1 जनवरी, 2014 में इस पर मोहर लगा दी। इसी के साथ लोकपाल पर कानून बनाने का रास्ता साफ हो गया। अन्ना ने अनशन तोड़ दिया।

अन्ना ने उम्मीद जताई कि राज्यों में लोकायुक्तों के गठन तथा सिटीजन चार्टर लागू करने जैसी शेष चीजें भी जल्द पूरी होंगी। हजारे ने कहा, "मैं सरकार के विधेयक का स्वागत करता हूँ। यह विधेयक जनता के हित में है। मैं आभारी हूँ कि सरकार विधेयक लेकर आई, मेरा मानना है कि यह एक अच्छा विधेयक है। यह समाज और जनता दोनों के लिए अच्छा होगा। इसीलिए मैंने इसका स्वागत किया है।"

उन्होंने कहा, "मैंने विधेयक के प्रावधानों को ठीक ढंग से पढ़ा है।

यदि आपको लगता है कि विधेयक में कुछ कमियाँ हैं, तो उसके लिए अनशन करिए।'' हजारे ने कहा कि विधेयक से उनकी कई उम्मीदें पूरी हो गई हैं और जो विधेयक राज्यसभा में पेश किया गया है, उससे वह संतुष्ट हैं।

उन्होंने कहा, ''हमने सिटीजन चार्टर सहित जिन तीन मुद्दों को लेकर पूर्व में आंदोलन किया था, उसे भी पूरा किया गया है।'' उनके और केजरीवाल के बीच मतभेदों के बारे में पूछे जाने पर हजारे ने कहा, ''मैं कोई टिप्पणी नहीं करना चाहता, हम झगड़ा क्यों करें।''

अन्ना हजारे ने कहा, ''इस विधेयक में सीबीआई से सरकारी नियंत्रण हटा दिया गया है। मैंने ऐसे 13 बिंदु देखे और सरकार से कहा है कि मैं इनका स्वागत करता हूँ।''

उन्होंने विधेयक का समर्थन करने के लिए कांग्रेस और भाजपा सहित प्रमुख राजनीतिक दलों को धन्यवाद दिया और कहा कि कुछ लोग इसका समर्थन नहीं कर रहे हैं। विधेयक पारित होने के दौरान यदि कुछ हंगामा होता है तो विधेयक को भले ही हंगामे के बीच पारित करें, लेकिन पारित करें।

हजारे ने हालाँकि यह सलाह भी दी कि शिकायत के झूठा पाए जाने पर शिकायतकर्ता पर लगाए जाने वाले जुरमाने में कमी की जानी चाहिए। उन्होंने सूचना के अधिकार को धंधा बनाने वाले कार्यकर्ताओं पर हमला बोलते हुए यह सलाह भी दी कि सरकार को किसी व्यक्ति के लिए सूचना पाने के अवसरों की संख्या को सीमित कर देना चाहिए।

इस अवसर किरण बेदी ने कहा, ''यदि कुछ लोग यह कह रहे हैं कि वर्तमान विधेयक कमजोर है, तो उन्होंने उसे ठीक ढंग से पढ़ा नहीं है। उन्हें उसे पढ़ना चाहिए। विधेयक के प्रावधानों के अनुसार यदि कोई मामला सीबीआई को सौंपा जाता है, तो सरकार उसमें हस्तक्षेप नहीं करेगी।'' बेदी ने आगे कहा, ''जो लोग लोकपाल को जोकपाल कह रहे हैं, उन्होंने उसे पढ़ा और समझा नहीं है। उन्हें मसौदे का अध्ययन करना और उसके बाद किसी निष्कर्ष पर पहुँचना चाहिए।''

वास्तव में जनलोकपाल बिल भारत में नागरिक समाज द्वारा प्रस्तावित

भ्रष्टाचार निरोधी बिल का मसौदा है। यह सशक्त जनलोकपाल की स्थापना का प्रावधान करता है, जो चुनाव आयुक्त की तरह स्वतंत्र संस्था होगी। जनलोकपाल के पास भ्रष्ट राजनेताओं एवं नौकरशाहों पर बिना किसी से अनुमति लिये ही अभियोग चलाने की शक्ति होगी।

पास हुए लोकपाल के अधिकार–

1. इस नियम के अनुसार केंद्र में लोकपाल और राज्यों में लोकायुक्त का गठन होगा।
2. यह संस्था निर्वाचन आयोग और उच्चतम न्यायालय की तरह सरकार से स्वतंत्र होगी।
3. किसी भी मुकदमे की जाँच 3 महीने के भीतर पूरी होगी। सुनवाई अगले 6 महीने में पूरी होगी।
4. भ्रष्ट नेता, अधिकारी या न्यायाधीश को एक साल के भीतर जेल भेजा जाएगा।
5. भ्रष्टाचार के कारण से सरकार को जो नुकसान हुआ है, अपराध साबित होने पर उसे दोषी से वसूला जाएगा।
6. अगर किसी नागरिक का काम तय समय में नहीं होता तो लोकपाल दोषी अधिकारी पर जुरमाना लगाएगा, जो शिकायतकर्ता को क्षतिपूर्ति के तौर पर मिलेगा।
7. लोकपाल के सदस्यों का चयन न्यायाधीश, नागरिक और संवैधानिक संस्थाएँ मिलकर करेंगी। नेताओं का कोई हस्तक्षेप नहीं होगा।
8. लोकपाल/लोक आयुक्तों का काम पूरी तरह पारदर्शी होगा। लोकपाल के किसी भी कर्मचारी के खिलाफ शिकायत आने पर उसकी जाँच दो महीने में पूरी कर उसे बरखास्त कर दिया जाएगा।
9. सीवीसी, विजिलेंस विभाग और सीबीआई के एंटी-करप्शन विभाग का लोकपाल में विलय हो जाएगा।
10. लोकपाल को किसी भी भ्रष्ट जज, नेता या अफसर के खिलाफ जाँच करने और मुकदमा चलाने के लिए पूरी शक्ति और व्यवस्था होगी।

जनलोकपाल बिल की प्रमुख शर्तें

विविल सोसाइटी के बिल को किरण बेदी, अन्ना हजारे आदि का समर्थन प्राप्त था। इस बिल की प्रति प्रधानमंत्री और सभी राज्यों के मुख्यमंत्रियों को एक दिसंबर 2013 को भेजा गई थी:

1. इस कानून के अंतर्गत केंद्र में लोकपाल और राज्यों में लोकायुक्त का गठन होगा।
2. यह संस्था निर्वाचन आयोग और सर्वोच्च न्यायालय की तरह सरकार से स्वतंत्र होगी। कोई भी नेता या सरकारी अधिकारी की जाँच की जा सकेगी
3. भ्रष्टाचारियों के खिलाफ कई सालों तक मुकदमे लंबित नहीं रहेंगे। किसी भी मुकदमे की जाँच एक साल के भीतर पूरी होगी। ट्रायल अगले एक साल में पूरा होगा और भ्रष्ट नेता, अधिकारी या न्यायाधीश को दो साल के भीतर जेल भेजा जाएगा।
4. अपराध सिद्ध होने पर भ्रष्टाचारियों द्वारा सरकार को हुए घाटे को वसूल किया जाएगा। यह आम नागरिक की कैसे मदद करेगा, यदि किसी नागरिक का काम तय समय-सीमा में नहीं होता, तो लोकपाल जिम्मेदार अधिकारी पर जुरमाना लगाएगा और वह जुरमाना शिकायतकर्ता को मुआवजे के रूप में मिलेगा।
5. अगर आपका राशन कार्ड, मतदाता पहचान-पत्र, पासपोर्ट आदि तय समय-सीमा के भीतर नहीं बनता है या पुलिस आपकी शिकायत दर्ज नहीं करती तो आप इसकी शिकायत लोकपाल से कर सकते हैं और उसे यह काम एक महीने के भीतर कराना होगा। आप किसी भी प्रकार के भ्रष्टाचार की शिकायत लोकपाल से कर सकते हैं, जैसे सरकारी राशन की कालाबाजारी, सड़क बनाने में गुणवत्ता की अनदेखी, पंचायत निधि का दुरुपयोग। लोकपाल को इसकी जाँच एक साल के भीतर पूरी करनी होगी। सुनवाई अगले एक साल में पूरी होगी और दोषी को दो साल के भीतर जेल भेजा जाएगा।

अन्ना हजारे व किरण बेदी आदि ने जिस जनलोकपाल के लिए

इतना संघर्ष किया, तो प्रश्न उठता है कि सरकारी लोकपाल और जनलोकपाल में अंतर क्या था?

सीधी काररवाई

सरकारी लोकपाल के पास भ्रष्टाचार के मामलों पर खुद या आम लोगों की शिकायत पर सीधे काररवाई शुरू करने का अधिकार नहीं होगा। सांसदों से संबंधित मामलों में आम लोगों को अपनी शिकायतें राज्यसभा के सभापति या लोकसभा अध्यक्ष को भेजनी पड़ेंगी। वहीं प्रस्तावित जनलोकपाल बिल के तहत लोकपाल खुद किसी भी मामले की जाँच शुरू करने का अधिकार रखता है। इसमें किसी से जाँच के लिए अनुमति लेने की जरूरत नहीं है। सरकार द्वारा प्रस्तावित लोकपाल को नियुक्त करनेवाली समिति में उपराष्ट्रपति, प्रधानमंत्री, दोनों सदनों के नेता, दोनों सदनों के विपक्ष के नेता, कानून और गृह मंत्री होंगे। वहीं प्रस्तावित जनलोकपाल बिल में न्यायिक क्षेत्र के लोग, मुख्य चुनाव आयुक्त, नियंत्रक एवं महालेखा परीक्षक, भारतीय मूल के नोबेल और मैगसेसे पुरस्कार के विजेता चयन करेंगे।

राज्यसभा के सभापति या स्पीकर से अनुमति

सरकारी लोकपाल के पास भ्रष्टाचार के मामलों पर खुद या आम लोगों की शिकायत पर सीधे काररवाई शुरू करने का अधिकार नहीं होगा। सांसदों से संबंधित मामलों में आम लोगों को अपनी शिकायतें राज्यसभा के सभापति या लोकसभा अध्यक्ष को भेजनी पड़ेंगी। वहीं प्रस्तावित जनलोकपाल बिल के तहत लोकपाल खुद किसी भी मामले की जाँच शुरू करने का अधिकार रखता है। इसमें किसी से जाँच के लिए अनुमति लेने की जरूरत नहीं है। सरकारी विधेयक में लोकपाल केवल परामर्श दे सकता है। वह जाँच के बाद अधिकार प्राप्त संस्था के पास इस सिफारिश को भेजेगा। जहाँ तक मंत्रिमंडल के सदस्यों का सवाल है, इस पर प्रधानमंत्री फैसला करेंगे। वहीं जनलोकपाल सशक्त संस्था होगी। उसके पास किसी भी सरकारी अधिकारी के विरुद्ध काररवाई करने की क्षमता

होगी। सरकारी विधेयक में लोकपाल के पास पुलिस शक्ति नहीं होगी। जनलोकपाल न केवल प्राथमिकी दर्ज करा पाएगा, बल्कि उसके पास पुलिस फोर्स भी होगी।

अधिकार क्षेत्र सीमित

अगर कोई शिकायत झूठी पाई जाती है तो सरकारी विधेयक में शिकायतकर्ता को जेल भी भेजा जा सकता है। लेकिन जनलोकपाल बिल में झूठी शिकायत करनेवाले पर जुरमाना लगाने का प्रावधान है।

सरकारी विधेयक में लोकपाल का अधिकार क्षेत्र सांसद, मंत्री और प्रधानमंत्री तक सीमित रहेगा। जनलोकपाल के दायरे में प्रधानमत्री समेत नेता, अधिकारी, न्यायाधीश सभी आएँगे। लोकपाल में तीन सदस्य होंगे, जो सभी सेवानिवृत्त न्यायाधीश होंगे। जनलोकपाल में दस सदस्य होंगे और इसका एक अध्यक्ष होगा। चार की कानूनी पृष्ठभूमि होगी। बाकी का चयन किसी भी क्षेत्र से होगा।

चयनकर्ताओं में अंतर

सरकार द्वारा प्रस्तावित लोकपाल को नियुक्त करनेवाली समिति में उपराष्ट्रपति, प्रधानमंत्री, दोनो सदनों के नेता, दोनों सदनों के विपक्ष के नेता, कानून और गृह मंत्री होंगे। वहीं प्रस्तावित जनलोकपाल बिल में न्यायिक क्षेत्र के लोग, मुख्य चुनाव आयुक्त, नियंत्रक एवं महालेखा परीक्षक, भारतीय मूल के नोबेल और मैगसेसे पुरस्कार के विजेता चयन करेंगे। लोकपाल की जाँच पूरी होने के लिए छह महीने से लेकर एक साल का समय तय किया गया है। प्रस्तावित जनलोकपाल बिल के अनुसार एक साल में जाँच पूरी होनी चाहिए और अदालती काररवाई भी उसके एक साल में पूरी होनी चाहिए।

सरकारी लोकपाल विधेयक में नौकरशाहों और जजों के खिलाफ जाँच का कोई प्रावधान नहीं है। लेकिन जनलोकपाल के तहत नौकरशाहों और जजों के खिलाफ भी जाँच करने का अधिकार शामिल है।

सजा और नुकसान की भरपाई

सरकारी लोकपाल विधेयक में दोषी को छह से सात महीने की सजा हो सकती है और घोटाले के धन को वापस लेने का कोई प्रावधान नहीं है। वहीं जनलोकपाल बिल में कम-से-कम पाँच साल और अधिकतम उम्र कैद की सजा हो सकती है। साथ ही घोटाले की भरपाई का भी प्रावधान है। ऐसी स्थिति में जिसमें लोकपाल भ्रष्ट पाया जाए, उसमें जनलोकपाल बिल में उसको पद से हटाने का प्रावधान भी है। इसी के साथ केंद्रीय सतर्कता आयुक्त, सीबीआई की भ्रष्टाचार निरोधक शाखा, सभी को जनलोकपाल का हिस्सा बनाने का प्रावधान भी है।

राजनीतिक दल बनाने के मुद्दे पर अरविंद केजरीवाल से गंभीर मतभेदों के बाद अन्ना हजारे ने 21 अक्तूबर, 2012 को तय किया था कि वे अपनी कोर-टीम का नए सिरे से गठन करेंगे, जिसे पहले भंग कर दिया गया था।

किरण बेदी ने उस दिन कहा था कि नई टीम में ऐसे लोग होंगे, जो भ्रष्टाचार के खिलाफ मुहिम को आगे ले जाने में सहायक होंगे। अन्ना को नई टीम के लिए ऐसे लोगों की तलाश थी, जो अपने स्वभाव से ही सुधारवादी हों, फिर वे चाहें सेवानिवृत्त सरकारी कर्मचारी हों, कॉर्पोरेट या कला-जगत् से जुड़े लोग हों।

खैर, सरकार ने लोकपाल बिल पारित कर दिया और उस पर राष्ट्रपति की मुहर भी लग चुकी है। किरण बेदी मानती हैं कि केजरीवाल इस पर अब बिना मतलब की राजनीति कर रहे हैं।

□

मिथ्या आरोप

किरण बेदी को जहाँ एक ओर बहुत सारे पुरस्कार-प्रशंसा मिली है, वहीं उन्हें कुछ आलोचनाओं और शिकायतों का भी शिकार होना पड़ा। परंतु समाजसेवक तो जन-कल्याण करता है ही स्वयं विष पीकर। क्या स्वामी दयानंद सरस्वती ने दर्जनों बार विष पान नहीं किया, विरोधियों ने उन्हें मारने के कितने प्रयास किए, लेकिन उन्होंने जन-कल्याण का अपना मार्ग नहीं छोड़ा।

एक विदेशी कैदी को चिकित्सा सेवा उपलब्ध न कराने के लिए सुप्रीम कोर्ट तक ने उनकी आलोचना की थी। लेकिन यह नहीं देखा गया कि चिकित्सा सेवा उपलब्ध क्यों और कैसे नहीं हो पाई थी? 1988 में बाधवा आयोग ने वकीलों पर लाठी चार्ज करवाने के लिए बेदी की आलोचना की थी, लेकिन यहाँ भी यह नहीं देखा कि संविधान के रखवाले वकील कानून को किस तरह अपने हाथ में लेने पर आमादा थे? किरणजी तो कानून की पक्की रखवाली हैं, वे भला कानून तोड़नेवालों को कैसे बख्श सकती थीं। उन्होंने तो प्रधानमंत्री इंदिरा गांधी तक की गलती को नहीं बख्शा था! जब प्रधानमंत्री की गलत तरीके से खड़ी की गई गाड़ी को उन्होंने क्रेन से उठवा दिया था। बहुत सारे लोकप्रिय इंटरव्यूज शो के होस्ट करण थापर ने भी उनसे जुड़े विवादों को लेकर एक लेख लिखा और इस कारण से वे थापर के एक इंटरव्यू शो में नहीं गई थीं। लेकिन करण थापर का लेख पूर्वग्रह से ग्रसित था, क्योंकि इस पुस्तक के लेखक ने वह स्वयं पढ़ा और उसका मंथन किया था। जनलोकपाल के लिए चले आंदोलन के दौरान भी सरकारी और गैर-सरकारी लोगों ने

उनपर कट्टरपंथी होने का आरोप लगाया था। उन पर सांसदों का अपमान करने का भी आरोप लगा। लेकिन क्या किरण बेदी की पावनता और ईमानदारी के आगे ये मिथ्या आरोप टिक पाए?

और तो और किरण बेदी के खिलाफ धोखाधड़ी का मामला भी दर्ज किया गया। आपको याद ही होगा कि दिल्ली पुलिस ने एक स्थानीय अदालत के आदेश के बाद किरण बेदी के खिलाफ उनके गैर-सरकारी संगठन के लिए दिए गए धन के कथित गबन पर मामला दर्ज किया था। तत्कालीन डीसीपी अपराध, अशोक चंद के अनुसार, किरण बेदी के खिलाफ भारतीय दंड संहिता की धारा 420 धोखाधड़ी, 406 आपराधिक विश्वासघात, 120 बी आपराधिक षड्यंत्र के तहत एक मामला दर्ज किया गया था।

गौरतलब है कि अदालत ने ही किरण बेदी के खिलाफ एक मामला दर्ज करने का आदेश दिया था। इस सिलसिले में दिल्ली निवासी वकील देविंदर सिंह चौहान ने दिल्ली पुलिस के विरोध के बावजूद एक शिकायत दर्ज कराई थी।

अदालत ने एफआईआर दर्ज करने का आदेश देते हुए दिल्ली पुलिस की उस दलील पर ध्यान नहीं दिया, जिसके तहत कहा गया था कि वकील की शिकायत का कोई आधार नहीं है कि कोष में हेरा-फेरी की गई है और किरण के गैर-सरकारी संगठन इंडिया विजन फाउंडेशन और नवज्योति फाउंडेशन के कोष में ऐसा हुआ है, तो दानकर्ताओं को शिकायत दर्ज करानी चाहिए। चौहान ने आरोप लगाया था कि उन्होंने अपने बैनर तले कंप्यूटर प्रशिक्षण देने के नाम पर विभिन्न अर्द्धसैनिक बलों और पुलिस संगठनों को लूटा है।

अपने खिलाफ मामला दर्ज होने पर प्रतिक्रिया जाहिर करते हुए किरण ने कहा था कि इस तरह की चीजें उन लोगों के साथ हुआ करती हैं, जो भला करते हैं और मैं जानती हूँ कि प्रतिकूल स्थिति से कैसे निपटना है। अपने मेजबानों से यात्रा बिल अधिक लेने को लेकर वे फिर विवाद में आई थीं। उन्होंने कहा था, ''एक पुलिसकर्मी रहने के नाते, इस एफआईआर से निपटने के लिए मेरे पास पुख्ता सबूत और धैर्य है। वक्त

अपनी एक सेलीब्रेटी प्रशंसक के साथ किरण

ही इसे बताएगा।"

किरण ने कहा था, "स्वामी विवेकानंद ने कहा था, मैं एक अतिवादी हूँ। मैं बहुत कुछ कर सकता हूँ। मैं और अधिक अच्छी चीजें कर सकता हूँ। जीवन कुछ और करने के लिए है।"

यह एक नया मौका था जब टीम अन्ना की यह सदस्य विवाद में घिरी थी। उनके खिलाफ पहला आरोप अपने यात्रा बिल को बढ़ाकर पेश करने का था। आरोपों के बाद बेदी ने ट्वीट किया था, "यह बेहद दिलचस्प है कि इकोनॉमी क्लास में यात्रा कर एक मकसद के लिए पैसा बचाना अखबार की सुर्खी बना है!"

अखबार का कहना था कि 2001 के सरकारी दिशा-निर्देशों के मुताबिक वीरता पुरस्कार से सम्मानित सभी लोग एयर इंडिया के इकोनॉमी क्लास के किराए में 75 फीसदी की छूट के हकदार हैं।

किरण बेदी को 1979 में राष्ट्रपति का वीरता पुरस्कार मिला था। बेदी को वीरता पुरस्कार से सम्मानित होने के नाते एयर इंडिया के टिकटों पर रियायतों का अधिकार हासिल है।

अखबार के अनुसार बेदी ने इन सरकारी दिशा-निर्देशों का फायदा उठाकर सस्ते टिकट खरीदे, लेकिन आयोजकों से पूरा किराया वसूल किया।

किरण बेदी ने इन आरोपों का खंडन करते हुए कहा था कि उन्हें किसी भी प्रकार का निजी फायदा नहीं हुआ। बिजनेस क्लास यात्रा संस्थाओं के निमंत्रण का ही हिस्सा होती है। इकोनॉमी क्लास में यात्रा करना एक व्यक्तिगत इच्छा है, ताकि इससे बचने वाला पैसा मेरे गैर-सरकारी संस्थान में जा सके। इसमें मुझे किसी भी प्रकार का निजी फायदा नहीं हुआ है। हमारे आलोचकों के लिए कुछ कहते मुझे बुरा लग रहा है, क्योंकि उन्हें निराशा ही हाथ लगेगी।''

लेकिन अखबार का कहना था कि 2006 में जब बेदी भारतीय पुलिस सेवा में थीं, तब से लेकर पिछले पाँच सालों में उन्होंने 12 मौकों पर ऐसा किया। और फिर 29 सितंबर, 2011 को उन्होंने ऐसा किया।

इसके बाद उन्हें जो पैसा मिला, उनकी संस्था इंडिया विजन फाउंडेशन के खाते में जमा हुआ। किरण बेदी इस संस्था की प्रमुख हैं।

बेदी का कहना था कि उन्होंने पैसा बचाकर संस्था के जरिए जरूरतमंदों के काम में लगाया है और ऑडिट में कहीं कोई गड़बड़ी सामने नहीं आई है। उन्होंने आगे भी किसी जाँच के लिए तैयार रहने की बात कही है।

उन पर यह भी आरोप लगा था कि किरण ने रामलीला मैदान में हजारे के अगस्त अनशन के दौरान नेताओं का उपहास उड़ाया था। इस पर सांसदों ने उन्हें विशेषाधिकार हनन नोटिस दिया था। तब यह पूछे जाने पर कि नए घटनाक्रम के मद्देनजर क्या लोगों ने उनके घर का घेराव किया है या हमला किया है? बेदी ने कहा था, ''मैं जानती हूँ कि इस तरह की परिस्थिति से कैसे निपटना है। मुझे कोई दिक्कत नहीं है। मैं इससे निपट लूँगी। मैं काल्पनिक सवालों का जवाब नहीं दे सकती।''

सच को कभी न तो दबाया जा सकता है और न ही छिपाया जा

सकता है, यह बात हमारे शास्त्रों में लिखी है। यही कारण है कि टीम अन्ना को 2012 में इंदौर की एक अदालत से बड़ी राहत मिली थी। अदालत ने उन शिकायत याचिकाओं को खारिज कर दिया, जिनमें विवादास्पद बयानों को लेकर टीम अन्ना के तत्कालीन दो प्रमुख सदस्यों अरविंद केजरीवाल और किरण बेदी के खिलाफ देशद्रोह का मुकदमा चलाने की गुहार लगाई गई थी। याचिकाकर्ता इंद्रजीत सिंह भाटिया ने बताया था कि प्रथम श्रेणी न्यायिक मजिस्ट्रेट जितेंद्र सिंह कुशवाह ने उनके तर्क सुनने के बाद केजरीवाल और किरण के खिलाफ दायर अर्जियों को निरस्त कर दिया।

पेशे से वकील भाटिया का कहना था कि उन्होंने केजरीवाल और किरण के विवादास्पद बयानों के आधार पर 'एक आम मतदाता की हैसियत' से टीम अन्ना के दोनों सदस्यों को अदालत में घसीटा था और उनके खिलाफ भारतीय दंड विधान की धारा 124-क (देशद्रोह) और अन्य संबद्ध धाराओं में मुकदमा चलाए जाने की गुहार लगाई थी।

उनका कहना था कि मैंने किरण के खिलाफ इसलिए शिकायत याचिका दायर की, क्योंकि उन्होंने एक चुनी हुई सरकार को अस्थिर करने के प्रयासों के तहत सोशल नेटवर्किंग साइट ट्विटर पर प्रधानमंत्री कार्यालय की धृतराष्ट्र से अपमानजनक तुलना की थी।

1992 में किरण बेदी की बेटी को दिल्ली हार्डिंग कॉलेज में एमबीबीएस पाठ्यक्रम के लिए छात्र उत्तर-पूर्व से एक कोटा के तहत प्रवेश दिया गया था। किरण बेदी को मिजोरम में उस समय तैनात किया गया था। वहीं उसकी बेटी ने कहा था कि केंद्र सरकार के कर्मचारी ऐसी योजनाओं के हकदार हैं। यह मामला भी पूरी तरह पूर्वग्रह से ही प्रेरित था। यह भी एक सच्चाई है कि किरण बेदी पर एनजीओ के चंदे की रकम में अनियमितताएँ बरतने के आरोप क्राइम ब्रांच की आठ महीने चली जाँच में साबित नहीं पाए। क्राइम ब्रांच अदालत में क्लोजर रिपोर्ट दाखिल कर उन्हें क्लीन चिट दे चुकी है।

क्राइम ब्रांच के अनुसार बेदी की संस्था को माइक्रोसॉफ्ट की तरफ से दिए गए 50 लाख रुपए चंदे के सभी दस्तावेजों की जाँच की गई। कई

अपने प्रशंसकों के बीच किरण

लोगों से पूछताछ के बाद किसी तरह की धोखाधड़ी देखने में नहीं आई।

2012 नवंबर में अदालत के निर्देश पर दिल्ली पुलिस ने किरण बेदी के खिलाफ धोखाधड़ी व अमानत में खयानत का मामला दर्ज किया था। मामले की जाँच क्राइम ब्रांच को सौंपी गई। किरण बेदी पर आरोप था कि माइक्रोसॉफ्ट से उन्होंने अर्धसैनिक बलों के परिवार व बच्चों को मुफ्त कंप्यूटर शिक्षा देने के नाम पर चंदा हासिल किया। उन पर इसके अलावा कंप्यूटर सेंटर में छात्रों से रकम वसूलने व विभिन्न सरकारी व अन्य संस्थाओं से धन जुटाने का भी आरोप था। क्राइम ब्रांच अधिकारियों के अनुसार किरण बेदी की संस्था 'इंडिया विजन फाउंडेशन' व 'नवज्योति' की भुगतान रसीदें व सभी रिकॉर्ड की जाँच की जा चुकी है। जाँच में आरोप साबित नहीं हो पाए।

एक अन्य आरोप शराब को लेकर भी लगा था। नवभारत टाइम्स की रिपोर्ट के अनुसार किरण बेदी का एनजीओ 'नवज्योति' खुलेआम शराब को प्रोत्साहन दे रहा है। तत्कालीन समाचार-पत्रों में प्रकाशित हुई रिपोर्ट के अनुसार 31 दिसंबर, 2012 को 'नवज्योति' फाउंडेशन की 25वीं सालगिरह पर किरण बेदी ने नववर्ष की शुभकामनाएँ दी थीं। इस

शुभकामना पत्र में दिल्ली के 'हेवंस बार' का निमंत्रण-पत्र भी संलग्न था। इस निमंत्रण-पत्र में 'नवज्योति' का लोगो लगा हुआ था और शराब सहित खाने-पीने की सभी चीजों पर डिस्काउंट की पेशकश की गई थी। लेकिन कई लोगों ने जाँच में इस तरह की खबरों को तोड़-मरोड़कर पेश किया हुआ पाया और सच्चाई यही है कि किरण बेदी और उनका संस्थान तो शराब बंदी का समर्थक रहा है। स्वयं अन्ना हजारे शराब बंदी को लेकर राष्ट्रीय स्तर का आंदोलन तय कर चुके हैं।

जीवन में जो सामाजिक काम करते हैं, उन्हें निश्चित रूप से आलोचनाओं से भी गुजरना पड़ता है, क्योंकि धूल तो सफेद कागज की भी छवि बिगाड़ सकती है। किरण बेदी पर भी भ्रष्टाचार के कुछ आरोप लगे। हालाँकि उनके बचाव में कई सामाजिक कार्यकर्ता उठ खड़े हुए थे। स्वयं अन्ना हजारे ने 'हवाई यात्रा भ्रष्टाचार' के आरोपों का सामना करनेवाली अपनी करीबी सहयोगी किरण बेदी का बचाव किया था। उन्होंने तब कहा था कि उनकी टीम के खिलाफ अभियान में सरकार में शामिल 'चार लोगों के गैंग' का हाथ है।

अपनी टीम के सदस्यों पर वित्तीय गड़बड़ियों के आरोपों के बाद हजारे ने अपने विचार अपने नए ब्लॉग में व्यक्त किए थे। ब्लॉग का नाम है ''उठो और चार के गैंग' के खिलाफ लड़ो'। हालाँकि गांधीवादी कार्यकर्ता ने चार व्यक्तियों का नाम आज तक जाहिर नहीं किया, लेकिन उनका इशारा संयुक्त समिति के कुछ सदस्यों की ओर था।

हजारे ने कहा था कि आरोप लगाना और अपमानित करना कुछ लोगों का पेशा बन गया है। ऐसा पहली बार नहीं है कि किरण बेदी के खिलाफ आरोप लगाया गया। टीम अन्ना के हर सदस्य को इन चार लोगों के गैंग से आरोपों और चरित्र हनन का सामना करना पड़ा है। उन्होंने कहा कि ये लोग कौन हैं? ये वही लोग हैं, जो जनलोकपाल विधेयक के पक्ष में नहीं हैं।

किरण बेदी ने सोमवार, 24 अक्तूबर 2011 को कहा था कि अन्ना हजारे ने उनसे कहा है कि आरोपों से काम प्रभावित नहीं होना चाहिए। क्रियाशील अवार्ड ग्रहण करने के बाद किरण ने कहा था कि उन्होंने (हजारे

ने) मुझे यहाँ तक कहा कि जो आरोप आपके खिलाफ लगे हैं, वे आरोप पिछले 20 वर्षों से मुझे प्रभावित कर रहे हैं। इन चीजों से अपने काम को प्रभावित मत होने दीजिए। उनकी टिप्पणी इन आरोपों के बाद आई थी कि वे अपने आयोजकों से यात्रा का बिल ज्यादा वसूलती हैं, जबकि उन यात्राओं के लिए वे अपने वीरता पदक का इस्तेमाल कर रियायती दर पर हवाई टिकट खरीदती हैं। उन्होंने यह कहते हुए अपना बचाव किया था कि वह इससे खुद लाभान्वित नहीं होतीं और इस तरह बचाया गया धन उनके गैर-सरकारी संगठन को जाता है। जैसे ही यह बात विवादों में आई, बेदी ने अपने आयोजकों को धन लौटाने की पेशकश की थी।

किरण बेदी तो हर स्तर पर भ्रष्टाचार के खिलाफ रही हैं। वे तो मीडिया में भी भ्रष्टाचार पर कटाक्ष करती हैं। पेड न्यूज के बारे में उन्होंने स्पष्ट कहा था, ''हाल में, मीडिया की छवि को पेड न्यूज के आरोपों से नुकसान पहुँचा है। अदालतों की भाँति मीडिया भारतीय लोकतंत्र का एक महत्त्वपूर्ण स्तंभ है और उसे अपने में 'लोगों का' विश्वास अक्षुण्ण बनाए रखने की जरूरत है।''

दोषी सांसदों को बचाने से संबंधित अध्यादेश पर हस्ताक्षर नहीं करने के लिए राष्ट्रपति प्रणब मुखर्जी को श्रेय देते हुए बेदी ने कहा था कि ''पहले लोग ब्रेकिंग न्यूज से नेता बन जाते थे। अब उन्हें यह हासिल करने के लिए नियमों का पालन करना होगा। संदेश यह है कि आप ब्रेकिंग न्यूज से जन-प्रतिनिधि नहीं बन सकते।''

पूर्व आईपीएस अधिकारी ने मतदान में 'किसी को नहीं मतदान' के प्रावधान का स्वागत किया था। कुल मिलाकर निष्कर्ष यही निकलता है कि किरण बेदी पर जितने भी आरोप लगे, वे राजनीति से प्रेरित थे, ताकि उनकी छवि को हानि पहुँचाकर भ्रष्टाचार मुक्त भारत बनाने के आंदोलन की आँधी को रोका जा सके, लेकिन जो सच्चे सिपाही होते हैं, वे मैदान से फतह किए बिना भला कैसे लौट सकते हैं, यही कारण है किरण डटी हुई हैं।

□

किरण बेदी और अन्ना

संपूर्ण व्यवस्था परिवर्तन की लड़ाई लड़ रहे अन्ना हजारे अपनी टीम को लेकर लगातार व्यापक बदलाव करते रहे हैं। 2014 में उन्होंने किरण बेदी से ही नहीं बल्कि दिल्ली की अपनी पूरी टीम से किनारा कर लिया था। बेदी ने भी कहा था कि अब अन्ना के आंदोलन को मदद देने वाले सीधे उनके गाँव में संपर्क करें। यहाँ तक कि उन्होंने अन्ना के नाम पर बनाया गया फेसबुक पेज भी उन्हें लौटाने की पेशकश की थी।

अन्ना हजारे ने सिर्फ अपने आंदोलन का नाम नहीं बदला है, बल्कि लोगों को भी बदल दिया है। उनके एक बेहद करीबी व्यक्ति कहते हैं कि लगातार मिल रही शिकायतों के बाद उन्होंने सारी चीजें अपनी निगरानी में ही रखने का फैसला किया है। इसलिए अब आंदोलन का सारा काम उनके गाँव रालेगण सिद्धी से चल रहा है। यहाँ तक कि 'इंडिया अगेंस्ट करप्शन' का अब अन्ना से कोई संबंध नहीं होगा। दक्षिणी दिल्ली में किरण बेदी के नेतृत्व में चलने वाला आइएसी का महँगा दफ्तर भी बंद कर दिया गया।

इस बारे में पूछे जाने पर किरण बेदी कहती हैं कि यह अन्ना की इच्छा है। वे बहुत से लोगों से मिलते हैं और उनका मशविरा लेते हैं। उन्होंने इस नाम को रजिस्टर तो नहीं करवाया था, मगर इस नाम से बैंक खाता जरूर खुलवाया था। पिछले दिनों उन्होंने लोगों से अपील की थी कि अन्ना के आंदोलन के लिए धन की जरूरत है और लोग इसके लिए आइएसी को चंदा भेजें। इस बारे में पूछने पर वह कहती हैं कि अब यह अपील आगे जारी नहीं की गई।

अन्ना ने दिल्ली आकर प्रेस कॉन्फ्रेंस की थी, मगर किरण बेदी सहित अपने किसी पुराने सहयोगी को साथ नहीं लिया। इस दौरान सिर्फ पूर्व सेनाध्यक्ष जनरल वी.के. सिंह उनके साथ थे, लेकिन दिलचस्प बात है कि वी.के. सिंह बाद में भारतीय जनता पार्टी में चले गए।

अन्ना की नई टीम से जुड़े राजेश झा कहते हैं कि पटना की रैली भी पूरी तरह जनरल वी.के. सिंह ने ही आयोजित की थी। हमारे प्रयास से तो गांधी मैदान की बुकिंग तक नहीं हो पा रही थी। उधर अन्ना ने 2013 में मिले जिंदल पुरस्कार की राशि से अपने गाँव में एक व्यवस्थित दफ्तर शुरू कर दिया है।

किरण बेदी कहती हैं कि 12 जनवरी, 2014 को जैसे ही रालेगण में नए दफ्तर की घोषणा हुई, उसी समय यह दफ्तर बंद कर दिया गया। इसी तरह फेसबुक पर अन्ना हजारे के नाम पर चल रहे इंडिया अगेंस्ट करप्शन के पेज के बारे में वह कहती हैं कि रालेगण में उनके दफ्तर में सारी सुविधाएँ मौजूद हैं। इसलिए इसे भी अब वहीं से चलाया जाना चाहिए। बेदी के सुझाव के बारे में पूछे जाने पर यह पेज सँभाल रहे आइएसी कार्यकर्ता शिवेंद्र सिंह चौहान कहते हैं कि उनके पेज का अन्ना के लिए पूरा समर्थन रहा है और रहेगा। अभी भी रालेगण की टीम के एक सदस्य को एडमिन अधिकार है।

□

स्वावलंबन की मूर्ति

किरण बेदी माइंड, बॉडी और सोल पर नियंत्रण को जीवन में आगे बढ़ने का मूलमंत्र मानती हैं। उनके अनुसार, शिक्षा, आत्म-निर्भरता और निर्णय लेने की ताकत मनुष्य को तरक्की के रास्ते पर ले जाती है। मुनि की रेती स्थित ओमकारानंद सरस्वती निलायम स्कूल में स्वामी विवेकानंद सार्द्धशती समारोह समिति की ओर से आयोजित किशोरी सम्मेलन में छात्राओं को संबोधित करते हुए किरण बेदी ने स्वावलंबी बनने के लिए नैतिक मूल्यों और समय के महत्त्व को समझने की बात कही थी।

उन्होंने अपने स्कूल के दिनों के कई संस्मरण साझा किए थे। बताया कि जब तक जीवन है, तब तक शिक्षा उनकी कामयाबी का राज है। शिक्षा मनुष्य की एक सशक्त सहयोगी के रूप में हमेशा साथ रहती है। लोक संस्कृति, वेद, उपनिषद् और सभ्यता एक- दूसरे के पूरक हैं, जिनका मनुष्य के जीवन में विशेष महत्त्व है।

भारत की सबसे बड़ी जेल तिहाड़ में महानिरीक्षक बनने पर उन्होंने कैदियों के प्रति 'सुधारात्मक रवैया' अपनाते हुए उन्हें योग, ध्यान, शिक्षा व संस्कारों का शिक्षा देकर जिंदगी में सुधार लाने की एक नई हवा बहाई थी और कैदियों को स्वरोजगार के नए-नए काम सिखाए, ताकि जेल से छूटकर वे इज्जत के साथ जीवन गुजार सकें। यह बहुत कठिन लक्ष्य था, किंतु दृढ़निश्चयी किरण बेदी ने तिहाड़ जेल का नक्शा बदलकर उसे तिहाड़ सुधार गृह बना दिया।

बेदी कहती हैं कि पुलिस और सामुदायिक समूहों को मानवीयता के

साथ समाज के इस हिस्से से संपर्क साधना होगा। नेशनल कैडेट कोर (एनसीसी) और अन्य नागरिक रक्षा समूहों को एक नेटवर्क बनाकर इन गरीबों तक मूल्य आधारित शिक्षा पहुँचानी होगी, ताकि इनकी ऊर्जा का रचनात्मक इस्तेमाल किया जा सके। उन इलाकों में स्पोर्ट्स क्लब, थियेटर, संगीत या फिर कानून के बारे में लोगों को जागरूक किया जा सकता है। जब तक राज्य अपने नागरिकों को कुछ मुहैया नहीं कराए, तब तक वह उनसे किसी प्रकार की माँग नहीं कर सकता। इक्का-दुक्का बलात्कारियों को फाँसी पर चढ़ाकर राज्य अच्छाई की उम्मीद नहीं कर सकता।

किरण बेदी आज अग्रणी महिला समाज सुधारक हैं। वे समाज के कल्याण के कई कार्यक्रम चलाती हैं, लेकिन बिना मतलब ही धन या खैरात में कोई चीज नहीं बाँटती, वरन् अभावग्रस्त लोगों को शिक्षा और प्रशिक्षण के माध्यम से इतना योग्य बना देती हैं कि वे लोग अपनी रोजी-रोटी का प्रतिष्ठा वाला जरिया तो खोज ही लेते हैं। कई बेरोजगारों के लिए भी आत्मनिर्भर होने और स्वावलंबी होने की नई राहें खोल देती हैं। छोटे-छोटे घरेलू उद्योग-धंधों को प्रोत्साहन देना किरण की प्राथमिकता है और सच पूछिए तो महात्मा गांधीजी का भी यही सपना था। इसलिए हम कह सकते हैं कि किरणजी गांधीजी का ही कार्य कर रही हैं, लेकिन उनके अंदर जोश नेताजी सुभाष बोस का और ललक स्वामी दयानंद की है।

□

महिला सम्मान की समर्थक

किरण बेदी की दृष्टि में मानवता का मूल्य अनमोल है, लेकिन उन्हें दुःख है कि समाज मानवता भूल चुका है। आपको याद होगा कि 2013 में दिल्ली में सामूहिक दुष्कर्म की शिकार हुई लड़की के दोस्त ने टीवी चैनल को दिए इंटरव्यू में इस घटना में पुलिस और समाज, दोनों की कार्य-पद्धति पर सवाल उठाया था। लड़के का कहना था कि जब उसे और पीड़ित लड़की को नग्न अवस्था में बस से फेंक दिया गया था, तो उन्होंने राह पर आते-जाते लोगों को रोकने की कोशिश की थी, लेकिन 20-25 मिनट तक कोई नहीं रुका। लड़के का यह भी कहना था कि करीब 45 मिनट बाद पुलिस की पीसीआर वैन घटनास्थल पर पहुँची, लेकिन आपस में अधिकार क्षेत्र तय करने में उन्हें समय लगा।

इस मामले पर विपक्षी पार्टियों और जानी-मानी हस्तियों ने कड़ी प्रतिक्रिया दी थी। इसी संदर्भ में किरण बेदी ने ट्विटर पर अपनी प्रतिक्रिया में लिखा था, ''लड़के के दोस्त का इंटरव्यू टूटे हुए सामाजिक ढाँचे को दरशाता है, फिर वह समुदाय हो, पुलिस हो या कोई और। बहुत शर्म की बात है। जी न्यूज के खिलाफ मामला दर्ज करने में पुलिस ने कानूनी तेजी दिखाई है। काश वे अपराधों को वैसे ही दर्ज करे जैसे वह रिपोर्ट किए जाते हैं। समाज के रूप में हम मानवता भूल चुके हैं।''

किरण बेदी ने अपराध रोकने के लिए दिल्ली पुलिस के पुलिसकर्मियों को स्वैच्छिक रूप से प्रशिक्षण देने का प्रस्ताव दिया था। उन्होंने माइक्रो ब्लागिंग वेबसाइट ट्विटर पर लिखा था, ''मैंने अपराध रोकने के लिए दिल्ली पुलिस को स्वैच्छिक प्रशिक्षण का प्रस्ताव दिया है। मैं इस बात की

गारंटी देती हूँ कि 90 दिनों के अंदर स्थिति बदल जाएगी।''

उल्लेखनीय है कि एक 23 वर्षीय छात्रा के साथ गैंग रेप नहीं रोक पाने के लिए दिल्ली पुलिस की कड़ी आलोचना हुई थी।

किरण बेदी का कहना है कि आज इस बात की आवश्यकता है कि महिलाओं का सम्मान करने के लिए पुरुषों को शिक्षित किया जाए। भारत की माताओं को अपने बेटों से यह शपथ लेने के लिए कहना चाहिए कि वे कभी महिलाओं का अपमान नहीं करेंगे। राष्ट्रीय राजधानी में पुलिस व्यवस्था में सुधार की सख्त जरूरत है। अपराध संबंधी बढ़ती घटनाओं पर वे गहरी चिंता जताती हैं।

महिलाओं की सुरक्षा और सम्मान को लेकर जस्टिस वर्मा ने कुछ सिफारिशें की थीं, जो काफी चर्चित रही हैं। न्यायमूर्ति वर्मा समिति की सिफारिशों का स्वागत करते हुए किरण बेदी का कहना है कि ये सुझाव क्रांतिकारी हैं और यदि इन्हें लागू किया जाता है तो ये क्रांति की शुरुआत कर सकते हैं। 'अपराइजिंग-2011' के लोकार्पण के दौरान उन्होंने कहा था कि भ्रष्टाचार के खिलाफ अन्ना हजारे का आंदोलन 'पहली क्रांति' है। इसके बाद दिल्ली सामूहिक दुष्कर्म घटना के बाद युवाओं का विरोध प्रदर्शन 'दूसरी क्रांति' साबित हुई। अब न्यायमूर्ति वर्मा समिति की सिफारिशों लागू किए जाने के बाद 'तीसरी क्रांति' आएगी। इस पर तत्कालीन कानून मंत्री अश्विनी कुमार ने कहा था कि महिलाओं के खिलाफ अपराधों पर केंद्र सरकार के अध्यादेश में जस्टिस वर्मा की 90 फीसदी सिफारिशों को मान लिया गया है। तब के कानून मंत्री का मानना था कि यह अध्यादेश आरोपियों को जल्द सजा दिलाने में मददगार साबित होगा। हालाँकि कुछ महिला संगठनों ने सरकार के अध्यादेश को धोखा करार दिया था। महिलाओं के खिलाफ अपराधों पर केंद्र सरकार के अध्यादेश में जस्टिस वर्मा की कई सिफारिशें मान ली गई हैं, जबकि कुछ ऐसी भी हैं, जिन्हें सरकार ने शामिल नहीं किया है। ऐसे में कुछ महिला संगठन इस बात की माँग कर रहे थे कि विवाह के बाद पत्नी के साथ यौन हिंसा को भी रेप माना जाए और इसके लिए सजा का प्रावधान हो।

इसके अलावा सरकार के अध्यादेश का इस बात पर भी विरोध हुआ

कि कश्मीर और उत्तर-पूर्वी राज्यों में जहाँ सेना को विशेष अधिकार मिले हैं, वहाँ सुरक्षाकर्मियों पर यौन अपराधों के खिलाफ मामला चलाने के लिए विशेष इजाजत लेनी होगी, जबकि जस्टिस वर्मा आयोग ने इसको हटाए जाने की सिफारिश की थी।

यौन-उत्पीड़न कानून पर जस्टिस वर्मा कमेटी की मुख्य सिफारिशें सरकार को सौंपी गई थीं। कमेटी ने बलात्कार संबंधी कानून में बदलाव की सिफारिशें दी थीं। देश भर से कमेटी को कुल 80 हजार सुझाव मिले, जिसमें यौन हिंसा, लिंगभेद, राजनीति का अपराधीकरण रोकने के उपाय सुझाए गए थे। कानूनविदों, सरकार और सामाजिक संगठनों से बातचीत के बाद 29 दिन में यह रिपोर्ट तैयार की गई। जस्टिस वर्मा कमेटी में पूर्व चीफ जस्टिस जे.एस. वर्मा के अलावा जस्टिस लीला सेठ और पूर्व सॉलिसीटर जनरल गोपाल सुब्रह्मण्यम शामिल थे।

दिल्ली पुलिस के ढीले रवैए पर सवाल उठाते हुए जस्टिस वर्मा ने कहा था कि दिल्ली पुलिस कमिश्नर को इस घटना के लिए जनता से माफी माँगनी चाहिए थी, लेकिन गृह सचिव ने उलटा उनकी तारीफ की। कमेटी ने माना कि सुप्रीम कोर्ट के आदेश के बावजूद पुलिस सुधार नहीं हुए। कमेटी ने दिल्ली गैंगरेप के बाद इस मुद्दे पर एकजुट होकर मुहिम छेड़ने वाले देश के युवाओं की तारीफ की थी।

वर्मा कमेटी की सिफारिशें

1. महिला के कपड़े फाड़ने की कोशिश पर सात साल की सजा मिले।
2. बदनीयती से देखने, इशारे करने पर एक साल की सजा मिले।
3. इंटरनेट पर जासूसी करने पर एक साल की सजा दी जाए।
4. मानव तस्करी के मामले में पीड़ित की सहमति गैर-जरूरी।
5. मानव तस्करी में मिले कम-से-कम सात साल की सजा।
6. अदालतों में जजों की संख्या बढ़ाई जाए।
7. पुलिस के ढाँचे और काम करने के तरीके में सुधार हो।

8. बच्चों की तस्करी के मामले में सरकार ठोस कदम उठाए और डेटाबेस बनाए।
9. कानून का पालन करनेवाली एजेंसियाँ नेताओं के हाथ का खिलौना न बनें।
10. सरकारी संस्थाओं के कामकाज में पारदर्शिता और जवाबदेही लाई जाए।
11. दिल्ली की कानून व्यवस्था में जवाबदेही को लेकर असमंजस की स्थिति खत्म हो।
12. सभी शादियाँ रजिस्टर हों, दहेज के लेन-देन पर निगरानी मजिस्ट्रेट करें।
13. बलात्कार मामले दर्ज करने में नाकाम या देरी करनेवाले अफसरों पर कारवाई हो।
14. पीड़ित की मेडिकल जाँच के लिए दिया गया प्रोटोकॉल लागू किया जाए।
15. सैन्य बलों की तरफ से यौन हिंसा को सामान्य कानून के तहत लाया जाए।
16. आर्म्ड फोर्सेज स्पेशल पावर एक्ट की समीक्षा की जाए।
17. हिंसाग्रस्त इलाकों में महिला अपराध की जाँच के लिए स्पेशल कमिश्नर तैनात हों।

महिला सशक्तीकरण के मुद्दे पर पूर्व आईपीएस अधिकारी किरण बेदी का कहना है कि महिलाएँ और पुरुष दोनों ही समाज के अद्वितीय पहलू हैं। मेरे माता-पिता ने कभी लड़के या लड़की के बीच भेदभाव नहीं किया। मुझे अपने जीवन के प्रारंभिक चरण में सबसे अच्छी शिक्षा दी गई और उन्होंने ही मुझे गतिशीलता भी दी।

महिलाओं से भेदभाव आम बात है। और तो और किरण बेदी भी इस भेदभाव की शिकार हो चुकी हैं, जिसका उल्लेख पहले भी किया जा चुका है। किरण बेदी से दो साल जूनियर व्यक्ति को दिल्ली का पुलिस कमिश्नर बनाया जाना क्या भेदभाव नहीं था? हमारी भ्रष्ट व्यवस्था के आगे 'क्रेन बेदी' के नाम से मशहूर एक फौलादी महिला को जिस कदर

दरकिनार कर दिया गया था, उससे एक बार फिर स्पष्ट हो गया था कि देश में 'महिला सशक्तीकरण' का दावा कितना खोखला है ।

किरण बेदी सच्चाई में यकीन रखती हैं, उन्हें अपने अफसरों और मातहतों को दारू-पार्टियाँ देकर खुश करना नहीं आता। वे पुस्तकें लिखती हैं, कैदियों को सुधारती हैं, अनुशासन बनाती हैं, लेकिन वे यह साफ-साफ भूल जाती हैं कि हमारे 'कीचड़ से सने' नेताओं के लिए यह बात मायने नहीं रखती। एक तरफ कलाम साहब 2020 तक देश को महाशक्ति बनाने के लिए सपने देखने की बात कहकर, सिर्फ दो सूटकेस लेकर राष्ट्रपति भवन से निकल गए थे, वहीं दूसरी ओर सुप्रीम कोर्ट को दिल्ली के बँगलों पर काबिज नेताओं और उनके लगुए-भगुओं को निकाल बाहर करने में पसीना आ रहा है। ये भी मत भूलिए कि महिला सशक्तीकरण तो हुआ है, क्योंकि मोनिका बेदी छूट गई थी न! किरण बेदी को भले ही कमिश्नर न बनाया गया हो और उन्हें वीआरएस लेना पड़ा हो। परंतु किरण बेदी के हौसले आज भी बुलंद हैं। खासकर जब बात महिलाओं के प्रति बढ़ते अपराधों की होती है, तो वे जोरदार शब्दों में कहती हैं, "औरतों को बदलती परिस्थितियों के अनुसार अपनी रक्षा स्वयं करनी होगी।"

एक खास बातचीत में उन्होंने बताया कि महिलाओं के प्रति बढ़ते अपराधों को लेकर उसने हाल ही में एक सर्वे कराया था। सर्वे के नतीजों से पता चला है कि वर्तमान में लोगों की मानसिकता बन गई है कि दिल्ली जैसे महानगरों में महिलाएँ सुरक्षित नहीं हैं। समाज को अपनी इस सोच को बदलना होगा।

कई प्रतिष्ठित पुरस्कारों से सम्मानित हो चुकी डॉ. बेदी को अफसोस है कि दिल्ली के पुलिस महकमे में महिला पुलिसकर्मियों को आज भी थोड़ा पीछे ही रखा जाता है। बकौल बेदी-"दिल्ली में महिला पुलिसकर्मी हैं तो सही, लेकिन वे दिखती नहीं हैं।" बेदी के मुताबिक वीआईपी ड्यूटी, हवाई अड्डों में यात्रियों की सुरक्षा जाँच व नेताओं की रैलियों आदि में ही महिला पुलिसकर्मियों की तैनाती अपेक्षाकृत अधिक की जाती है।

पावन दलाई लामा के साथ किरण बेदी

क्या हमारे देश में सरकार पुलिस महकमे में महिलाओं की भरती को लेकर थोड़ी भी उदासीन है? इस प्रश्न के जवाब में डॉ. बेदी कहती हैं कि पुलिस मुख्यालय में बैठे आला अफसरों को इस संदर्भ में ठोस नीतियाँ बनानी होंगी। जब तक वे लोग पहल नहीं करेंगे, तब तक सरकार भी कुछ नहीं कर सकेगी। अगर बात समाज-सेवा की करें तो भी डॉ. बेदी को नहीं भुलाया जा सकता है। दलाई लामा को आदर्श मानने वाली देश भर में नशामुक्ति के लिए अभियान चला रही डॉ. बेदी मानती हैं कि युवाओं के बीच शराबखोरी की लत बढ़ी है। कुछ समय पहले दिल्ली का पुलिस आयुक्त न बनने से डॉ. बेदी काफी खफा हुई थीं, लेकिन फिलहाल इस प्रकरण को पूरी तरह से भूल चुकी हैं। डॉ. बेदी कहती हैं, "वह मेरा इतिहास था और मैं अब इतिहास को भुलाकर वर्तमान में जी रही हूँ।"

किरण बेदीजी महिला सम्मान की कितनी बड़ी समर्थक हैं, यह उनके निम्न आलेख से अच्छी तरह जाना जा सकता है-

महिला दिवस पर बेदी के मूल उद्‍गार

आठ मार्च को महिला दिवस के मौके पर क्या हमें लीक से

हटकर कुछ नहीं करना चाहिए? आठ मार्च से पहले और बाद में हफ्ते भर तक विचार विमर्श और गोष्ठियाँ होंगी, जिनमें महिलाओं से जुड़े मामलों, जैसे महिलाओं की स्थिति, कन्या भ्रूण हत्या, लड़कियों की तुलना में लड़कों की बढ़ती संख्या, बोर्ड रूम में महिलाओं की कम मौजूदगी, संसद् में अटका पड़ा महिलाओं को 33 फीसदी आरक्षण संबंधी विधेयक, गाँवों में महिला सरपंचों का काम, महिलाओं की सुरक्षा, और विशेष रूप से उनके खिलाफ होने वाले अपराध को विभिन्न सम्मेलनों, कार्यशालाओं, रैलियों, नाटकों, प्रतिज्ञाओं और ज्ञापनों के जरिए प्रचारित किया जाएगा। लेकिन मैं सोचती हूँ कि इन सब बातों के अलावा इस बात की जरूरत है कि महिलाएँ इस वर्ष एकजुट प्रयास के जरिए अपनी सामूहिक ताकत को साकार करें और इसे उपयोगी कामों में लगाएँ। इनमें से एक काम भ्रष्टाचार के खिलाफ अनथक लड़ाई भी हो सकती है। उल्लेखनीय है कि भ्रष्टाचार चाहे नौकरशाही से जुड़ा हो या राजनीतिक हो, छोटा हो या बड़ा, यह हमारे देश में सभी बुराइयों की जड़ है और महिलाएँ किसी-न-किसी तरह से इसका प्रमुख शिकार होती हैं।

भ्रष्टाचार आम आदमी से उसके सीमित संसाधनों को छीन लेता है और सभी सेवाओं को ऊपर से लेकर नीचे तक दूषित बना देता है। इसके कारण सरकारी नौकर अपने बुनियादी कर्तव्य से दूर हो जाते हैं। वे लोगों की सेवा करने के बजाय उनके पैसों को हथियाने का काम करते हैं। एक वोट बैंक के रूप में महिलाओं के लिए अनिवार्य जरूरत है कि वे लोगों की ताकत बन जाएँ। उन्हें सामाजिक बदलाव के लिए सभी मामलों के केंद्र में आना होगा, जिससे सभी को लाभ हो और इस देश में प्रशासन सुधरे। देश की सामाजिक सत्ता को मजबूत करने के लिए नैतिक मूल्यों वाली एक नई पीढ़ी को पैदा करना उनके हाथ में है। इसलिए इस वर्ष महिलाओं को निश्चय करना होगा कि वे अपनी जागरूकता को बढ़ाएँगी। इस वर्ष प्रत्येक महिला प्रशासन और सत्ता से जुड़े मुद्दों को लेकर अपनी जागरूकता बढ़ाए। इसके लिए उन्हें नियमित तौर पर समाचारों और विचारों को सुनना होगा, समाचार-पत्र,

पत्रिकाओं को पढ़ना होगा, टीवी पर बुद्धिमानी बढ़ाने वाले कार्यक्रम देखने होंगे और ऐसे भाषणों को सुनना होगा, जो कि महिलाओं को राजनीतिक, आर्थिक और कानून से जुड़े राष्ट्रीय मुद्दों के प्रति सजग और सचेत बनाएँ। महिलाओं को राजनीतिक प्रवृत्तियों, कोर्ट के फैसलों, कानूनी प्रक्रियाओं और मुद्दों को लेकर चल रहे आंदोलनों को समझना होगा और राजनीतिक तथा सामाजिक चिंतक गुटों के विचारों पर ध्यान देना होगा। ग्रामीण क्षेत्रों की महिलाओं को समझना होगा कि उनके लिए कौन सी नई योजनाएँ हैं, ताकि वे इनसे लाभ हासिल कर सकें और अपने अधिकारों को इस्तेमाल सकें।

जो महिलाएँ नौकरी नहीं करती हैं, उन्हें विशेष प्रयास कर पेशेवर क्षमताओं को हासिल करना होगा, ताकि वे स्वरोजगार प्राप्त कर सकें। उन्हें कारोबार करना सीखना होगा और इस बात का पता लगाना होगा कि यह काम उन्हें कहाँ मिल सकता है, यह सब उन्हें खुद करना होगा और इसके लिए उन्हें किसी दूसरे पर निर्भर नहीं रहना होगा। इससे यह सुनिश्चित होगा कि कोई उनके अधिकारों को धोखाधड़ी से हथिया नहीं सके। स्वयंसेवी गुटों का गठन या महिला मंडलों के निर्माण और अपने संगठन शहरी क्षेत्रों में उन्हें सामाजिक तौर पर शक्तिशाली बनाएँगे और वे अपने इलाके में शहरी सत्ता से खुद को जोड़ सकेंगी। उन्हें यह जानना होगा कि उनके क्षेत्र का निर्वाचित प्रतिनिधि कौन है और उनके क्षेत्र में किस चीज की जरूरत है। यह जरूरत एक स्कूल की हो सकती है, एक उपकरणयुक्त डिस्पेंसरी हो सकती है, सफाई स्टाफ की हो सकती है। नियमित जल और बिजली आपूर्ति का मामला हो, सार्वजनिक यातायात हो, पुलिस चौकी की जरूरत हो, पेशेवर प्रशिक्षण संस्थान हो, परिवार और मधयस्थता सलाहकार केंद्र हो, उन्हें इन सबके बारे में जानना होगा। सभी महिलाओं को निश्चित तौर पर दो कानूनों को अवश्य जानना चाहिए। इनमें पहला है, सूचना के अधिकार का कानून और दूसरा, घरेलू हिंसा रोकथाम कानून। ये दोनों कानून सामाजिक तौर पर महिलाओं को अधिकार देते हैं। सभी महिलाओं के लिए जरूरी है कि वे इन कानूनों के बारे में

जानें। कहने का अर्थ है कानून की सीधी-सरल जानकारी और इसके लिए किसी समीक्षा की जरूरत नहीं है। इससे उन्हें कानूनों के बुनियादी प्रावधानों को जानने में मदद मिलेगी और वे इस जानकारी के भरोसे आत्मनिर्भर बनेंगी।

महिलाओं के लिए यह भी जरूरी होगा कि वे अपने बच्चों में नैतिक मूल्यों पर ध्यान दें और आगे बढ़ने के उदाहरण कायम करें। सबसे युवा या युवा भारत पारिवारिक देखभाल की उपज है और यह बताती है कि उन्हें स्कूली स्तर पर कैसी शिक्षा मिलती है। परवरिश और स्कूली शिक्षा की गुणवत्ता तय करेगी कि उनमें सही गुणों का बीजारोपण किया जाता है या नहीं। इस स्तर पर ज्यादातर शिक्षक महिलाएँ होती हैं। इस वर्ष महिलाएँ अपनी क्षमताओं को साकार करने पर भी ध्यान दे सकती हैं और इसके लिए उन्हें उद्यमी बनना होगा।

जो महिलाएँ नौकरी नहीं करती हैं, उन्हें विशेष प्रयास कर पेशेवर क्षमताओं को हासिल करना होगा, ताकि वे स्वरोजगार प्राप्त कर सकें। उन्हें कारोबार करना सीखना होगा और इस बात का पता लगाना होगा कि यह काम उन्हें कहाँ मिल सकता है। अच्छा कारोबार करने के लिए उन्हें विपणन और बैंकिंग क्षमताओं को विकसित करना होगा। इस मामले में स्व-सहायता समूह गठित करना एक सही तरीका हो सकता है, क्योंकि इस देश में सभी महिलाएँ एक जैसी स्थिति में नहीं हैं। कुछ महिलाओं को अवसर मिलना सरल होता है, जबकि कुछ के लिए यह बेहद कठिन है। इसलिए महिलाओं के सामने चुनौती यह होगी कि उनके नजदीक जो अवसर हैं, उनका वे कैसे उपयोग करती हैं।

इस कारण से जिन महिलाओं के सामने अवसर आसानी से उपलब्ध होते हैं, वे इनका अधिकाधिक इस्तेमाल भी करती हैं और आगे बढ़कर आत्मनिर्भर बन जाती हैं। पर जिनके लिए अवसर मिलना सरल नहीं होता है उन्हें अवसरों को खोजना पड़ता है और अपनी पहुँच बनानी पड़ती है। महिलाएँ अपनी मदद के लिए नेटवर्क बना सकती हैं, लेकिन ये सभी के लिए संभव नहीं है। पर यह सभी महिलाओं में सुदृढ़ निश्चय की आम भावना उनकी वर्तमान स्थिति को सुधारने

में सहायक सिद्ध होगी और इसके बाद वे दूसरी महिलाओं की भी मदद कर सकती हैं।

ये महिलाएँ किसी भी तरीके से, चाहें तो अपने करीबी वातावरण, परिवार, पड़ोस, गाँव अथवा गुट से यह काम शुरू कर सकती हैं। महिलाओं को निजी तौर पर अपने जीवन को अपने हाथ में लेना चाहिए और सामूहिक रूप से भी ऐसा करें, क्योंकि राष्ट्रीय स्वास्थ्य और संपदा उनके दृढ़ निश्चय की ताकत और समाज में उनकी समान भूमिका पर निर्भर करेगी।

(विराट वैभव, 8 मार्च, 2013 से साभार)

□

भारत की मलाला

बाल दिवस 2013 में नई दिल्ली में आयोजित एक कार्यक्रम में किरण बेदी को 'भारत की मलाला' की संज्ञा दी गई थी। उल्लेखनीय है कि मलाला यूसुफजई को बच्चों के अधिकारों की कार्यकर्ता होने के लिए जाना जाता है। वह पाकिस्तान के खैबर-पख्तूनख्वा प्रांत के स्वात जिले में स्थित मिंगोरा शहर की एक छात्र है। 13 साल की उम्र में ही वह तहरीक-ए-तालिबान शासन के अत्याचारों के बारे में एक छद्म नाम के तहत बीबीसी के लिए ब्लॉगिंग द्वारा स्वात के लोगों में नायिका बन गई। अक्तूबर 2012 में मात्र 14 वर्ष की आयु में अपने उदारवादी प्रयासों के कारण वह आतंकवादियों के हमले का शिकार बनी, जिसमें वह बुरी तरह घायल हो गई और अंतरराष्ट्रीय मीडिया की सुर्खियों में आ गई। इसी मलाला पर आधारित एक पुस्तक के विमोचन समारोह में किरण बेदी को भारत की मलाला की संज्ञा दी गई।

कार्यक्रम में प्रसिद्ध पत्रकार राहुल देव, कहानीकार प्रेमपाल शर्मा और स्वयं इस पुस्तक के लेखक तेजपाल धामा भी शामिल थे। इस अवसर पर किरण बेदी ने अपने जीवन के कुछ अनछुए पहलुओं पर विचार प्रकट करते हुए बताया कि उन्हें भी पढ़ाई के लिए संघर्ष करना पड़ा है, क्योंकि उस जमाने में बेटियों को अधिक पढ़ाया-लिखाया नहीं जाता था। उन्होंने राजनीतिक मुद्दों पर भी खुलकर चर्चा की थी। किरण बेदी की दृष्टि में अगर वे सीबीआई निदेशक की जगह होतीं, तो प्रधानमंत्री द्वारा सीबीआई को सीमा में रहने की नसीहत का जवाब देंती।

बेदी ने कहा था कि देश में सारी गड़बड़ियाँ सरकार की गलत

एक लोकार्पण कार्यक्रम में किरण बेदी के साथ लेखक तेजपाल धामा व अन्य

नीतियों के कारण हुई हैं, इसलिए प्रधानमंत्री का यह कहना ठीक नहीं कि सीबीआई नीतिगत मामलों में दखल न दें। सीबीआई के निदेशक बुजदिल हैं कि उन्होंने इस बात पर चुप्पी साध ली। अगर मैं उनकी जगह होती तो जरूर बोलती। आज देश में नौकरशाही में काम कर रही लड़कियों को मलाला की तरह साहसिक होने की जरूरत है। आईएएस अधिकारी दुर्गाशक्ति एक मलाला थी, पर वह चुप हो गई। अब केवल अशोक खेमका जैसे अधिकारी मलाला की तरह साहस का परिचय दे रहे हैं और नित्य गलत कार्यों के विरोध में बोलते रहते हैं।

उल्लेखनीय है कि दुर्गा शक्ति नागपाल 2009 बैच की भारतीय प्रशासनिक सेवा अधिकारी हैं, जो अपनी ईमानदारी के लिए जानी जाती हैं। उन्हें अवैध खनन के खिलाफ मोर्चा खोलने के कारण निलंबित कर दिया गया था। उन पर आरोप यह लगाया गया था कि उन्होंने अवैध रूप से बनाई जा रही एक मसजिद की दीवार को गिरा दिया था, जिससे इलाके में सांप्रदायिक तनाव फैल जाने की आशंका थी। बाद में जनता के विरोध के मद्देनजर उन्हें राजस्व विभाग से संबद्ध कर दिया गया।

□

सिल्वर स्क्रीन पर किरण बेदी

भारत की पहली महिला आईपीएस अधिकारी किरण बेदी की जिंदगी पर कई वृत्तचित्र और फिल्मों का निर्माण हो चुका है। उनके जीवन पर आधारित वृत्तचित्र 'यस मैडम, सर' को प्रतिष्ठित सैंटा बारबरा अंतरराष्ट्रीय फिल्म समारोह में दो शीर्ष पुरस्कारों से सम्मानित किया गया है। ऑस्ट्रेलियाई महिला फिल्म निर्देशक मेगन डनमैन द्वारा निर्मित और निर्देशित यस मैडम, सर को सर्वश्रेष्ठ वृत्तचित्र के पुरस्कारस्वरूप एक लाख डॉलर तथा सोशल जस्टिस अवार्ड के तहत 2500 डॉलर का इनाम दिया गया। इस फिल्म को इनाम के रूप में दी गई धनराशि अमेरिका में किसी फिल्म समारोह में किसी वृत्तचित्र के लिए दी गई अब तक की सबसे ज्यादा पुरस्कार राशि है। वृत्तचित्र की निर्माता-निर्देशक मेगन डॉनमैन का कहना है कि 'यह केवल भारतीय कहानी नहीं है। वर्तमान मुश्किल हालात में यह कहानी दुनिया के हर आदमी में एक आशा जगाती है।'

इस वृत्तचित्र में किरण बेदी की जीवन-यात्रा और उनके कामकाज के तौर-तरीकों से लेकर तिहाड़ जेल के कैदियों की जिंदगी में नया बदलाव लाने की घटनाओं को बहुत ही कल्पनाशीलता के साथ पेश किया गया है। 'यस मैडम, सर' नाम की इस फिल्म में मशहूर हॉलीवुड अभिनेत्री हेलेन मिरेन ने सूत्रधार के रूप में अपनी आवाज दी है। किरण बेदी पर और भी कई वृत्तचित्र बन चुके हैं। विश्वविख्यात ऑस्ट्रेलियाई फिल्मकार मेगन डॉनमेन, जो डार्क सिटी, मिशन इंपासिबल 2, होली स्मोक जैसी फिल्मों के संपादन में सहायक के रूप में कार्य कर चुकी

किरण बेदी की यादगार भूमिका निभाने वाली मालाश्री

हैं, उन्होंने जब किरण बेदी के बारे में सुना तो उन्होंने किरण बेदी को लेकर यह वृत्तचित्र बनाया, जिसमें उन्होंने किरण बेदी के जीवन के उतार-चढ़ावों व संघर्षों को एक डॉक्यूमेंट्री फिल्म के रूप में प्रस्तुत किया है। अपने कामों से दुनिया भर की महिलाओं और पुलिस अधिकारियों के लिए एक मिसाल बन चुकी किरण बेदी के जीवन को लेकर बनाए गए इस वृत्तचित्र को बनने में छह साल लगे। इस फिल्म का प्रोजेक्ट काफी लंबा था। इसको लेकर इसकी निर्माता-निर्देशक को आर्थिक समस्याओं से भी जूझना पड़ा, मगर उन्होंने हौसला नहीं खोया। ऐसे में कुछ निजी निवेशकों के सहयोग से यह फिल्म बनकर तैयार हुई।

किरण बेदी पर तमिल, तेलुगू और कन्नड में भी कई फिल्म बन चुकी हैं। 'मुंबई की किरण बेदी' फिल्म तो सुपरहिट रही है। 2009 में कन्नड में मालाश्री की 'कन्नडदा किरण बेदी' फिल्म सुपर हिट रही। 'इंस्पेक्टर चाँदनी' भी किरण बेदी के जीवन पर आधारित है। ओमश्री मूवीज के बैनर तले बनी भोजपुरी फिल्म 'इंस्पेक्टर चाँदनी' में सर्वश्रेष्ठ अभिनेत्री रानी चटर्जी एक अहम व मुख्य किरदार में नजर आई थीं। इस फिल्म में रानी ने न सिर्फ एक इंस्पेक्टर के किरदार को निभाया बल्कि

एक गाना भी गाया है। इस फिल्म में उनका किरदार देश की प्रथम महिला आईपीएस किरण बेदी से ही प्रभावित है। इस संबंध में रानी से पूछे जाने पर उन्होंने बताया कि जब इस फिल्म के निर्माता अरुण कुमार शाह, ओम कुमार और निर्देशक रतन राहा मेरे पास आए और फिल्म में किरदार के बारे में बताया तो मैं काफी सोच-विचार में पड़ गई, मैंने अपनी माँ को इस बारे में बताया तो उसने मेरी हौसला आफजाई करते हुए कहा कि यह किरदार तुम्हारे लिए काफी चैलेंजिंग है, और तुम्हें यह चैलेंज स्वीकार करना चाहिए। फिर मैंने किरण बेदीजी के बारे में काफी पढ़ा और उनकी वीडियो फुटेज देखी, अंत में मैं इस फिल्म को करने के लिए राजी हो गई। अब, जब फिल्म तैयार है और मैं फिल्म में अपने काम को देखती हूँ तो काफी संतुष्टि मिलती है। मुझे लगता है कि मेरी माँ का निर्णय बिलकुल सही था। उन्हें मुझपर काफी विश्वास है।

एक रिपोर्ट के अनुसार किरण बेदी पर अब तक बनी फिल्मों, टेलीफिल्मों और वृत्तचित्रों की संख्या एक दर्जन से अधिक है, जिनमें उनके कार्य की प्रशंसा की गई है या फिर उनके ही चरित्र को सिल्वर स्क्रीन पर जीवंत किया गया है। इस पुस्तक के लेखक ने भी एक प्रख्यात फिल्मकार की पटकथा लिखी है, जो किरण बेदी के जीवन से प्रभावित है।

□

पाकिस्तान और किरण बेदी

यह सारी दुनिया जानती है कि पाकिस्तान की जेलों में अनेक निर्दोष कैदी बंद हैं और कई को तो अमानवीय तरीके से मौत के घाट उतार दिया जाता है। ऐसी ही एक घटना सरबजीत की मौत के रूप में घटित हुई है। 2013 में जब यह शर्मनाक घटना पाकिस्तान में हुई तो इस पर किरण बेदी अपने विचार न रखतीं। लाहौर के अस्पताल में सरबजीत की मौत की सूचना मिलने के बाद बेदी ने ट्विटर पर लिखा था, ‘‘पाकिस्तान की जेल में सरबजीत की मौत को रोका जा सकता था। यह पता लगाया जाना चाहिए कि क्या लाहौर स्थित भारतीय उच्चायोग के लोग सरबजीत से नियमित तौर पर मिलते थे?’’

उन्होंने आगे लिखा था, ‘‘यह मानवाधिकारों के उल्लंघन का गंभीर मामला है। हमें मानव अधिकार आयोग के समक्ष सरबजीत पर जेल में हुए जानलेवा हमले की जाँच की माँग रखनी चाहिए। भारतीय राजदूतों को जवाब देना होगा कि वह आखिरी बार सरबजीत से जेल में कब मिलने गए थे और सरबजीत से उनकी क्या बातचीत हुई। यदि उसने जेल में रहने के दौरान कुछ शिकायतें की थीं, तो उन्होंने उसके लिए क्या किया?’’

उल्लेखनीय है कि सरबजीत सिंह भारत के पंजाब के गाँव भीखीविंद, जिला तरनतारन में पैदा हुए थे। उनके पिता श्री सुलक्षण सिंह ढिल्लो यूपी रोडवेज में नौकरी करते थे। कबड्डी का बेहतरीन खिलाड़ी सरबजीत मैट्रिक तक की पढ़ाई करने के बाद अपने परिवार की सहायता करने के लिए खेतों में ट्रैक्टर चलाकर आजीविका चलाने लगा और 1984 में वह सुखप्रीत कौर से शादी रचाकर अपना जीवन खुशी-खुशी बिताने लगा था।

उनसे उसे दो बेटियाँ पूनमदीप और स्वप्नदीप हुईं, लेकिन उसे क्या पता था कि किस्मत उसे पाकिस्तान की जेल में ले जाएगी।

सरबजीत सिंह की दर्दनाक कहानी शुरू होती है 28 अगस्त, 1990 से। इसी दिन शराब के नशे में सरबजीत सिंह सीमा पार चले गए, जहाँ उन्हें पाकिस्तानी सेना ने गिरफ्तार किया था। सरबजीत सिंह को रॉ का एजेंट बताते हुए उन्हें लाहौर, मुल्तान और फैसलाबाद बम धमाकों का आरोपी बनाया गया। बाद में अक्तूबर 1991 में उन्हें फाँसी की सजा सुनाई गई। सरबजीत सिंह के पक्ष में उनके परिवार के साथ-साथ मानवाधिकार संगठन भी सामने आए, तब पता चला कि सरबजीत के मामले में पाकिस्तान सरकार ने कई फर्जीवाड़े किए हैं। पाकिस्तान की अदालत में जो पासपोर्ट पेश किया गया था, उस पर नाम लिखा था खुशी मोहम्मद का, लेकिन तसवीर सरबजीत सिंह की लगाई गई थी। इसी तरह 2005 में पाकिस्तानी ने एक वीडियो जारी करके दावा किया कि सरबजीत सिंह ने अपना जुर्म कबूल कर लिया है, लेकिन 2005 तक पाकिस्तान सरबजीत सिंह को मंजीत सिंह कहता था। 2005 में ही वह गवाह मीडिया के सामने आया, जिसने सरबजीत की पहचान की थी, उसने मीडिया से साफ कहा कि उस पर दबाव डालकर सरबजीत के खिलाफ बयान दिलवाया गया था। लेकिन इन फर्जीवाड़े के बावजूद 1 अप्रैल, 2008 को सरबजीत को फाँसी दिए जाने की तारीख तय कर दी गई थी; हालाँकि कूटनीतिक प्रयासों के बाद उनकी फाँसी अनिश्चितकाल के लिए टल गई । जून 2012 में पाकिस्तानी मीडिया में खबर आई कि सरबजीत को रिहा किया जा रहा है, लेकिन यह खबर अफवाह साबित हुई। दरअसल, पाकिस्तान सरकार ने सरबजीत के बदले सुरजीत की रिहाई का आदेश दिया था। तब से भारत के लोगों में यह उम्मीद जागी कि सरबजीत सिंह रिहा होकर एक दिन अवश्य वापस आएँगे, लेकिन आखिर में आई उनकी मौत की खबर। 26 अप्रैल, 2013 को लाहौर के कोट लखपत जेल में उनपर जो हमला हुआ, वह जानलेवा साबित हुआ।

□

कुछ सवाल-जवाब

बुद्धि-कौशल, हाजिरजबावी हर चीज में किरण लड़कों से कम नहीं। 'लोग क्या कहेंगे' इस बात की किरण ने कभी भी परवाह नहीं करते हुए अपनी जिंदगी के मायने खुद निर्धारित किए। अपने जीवन व पेशे की हर चुनौती का हँसकर सामना करनेवाली किरण बेदी साहस व कुशाग्रता की एक मिसाल हैं, जिसका अनुसरण इस समाज को एक सकारात्मक बदलाव की राह पर ले जाएगा। 'क्रेन बेदी' के नाम से विख्यात इस महिला ने बहादुरी की जो इबारत लिखी है, उसे सालों तक पढ़ा जाएगा। आइए, समय-समय पर कुछ वरिष्ठ पत्रकारों द्वारा उनसे पूछे गए कुछ सवालों और जवाबों से रूबरू होते हैं–

प्रश्न : जब आप आईपीएस चुनी गईं, तब समाज में महिलाओं का पुलिस सेवा में जाना अच्छा नहीं माना जाता था। क्या आपको परिवार की ओर से इस तरह की कोई दिक्कत पेश हुई?

उत्तर : परिवार अगर विरोध करता तो शायद मैं इस पोजीशन तक नहीं पहुँच पाती। यह सच है कि उस समय महिलाओं का पुलिस सेवा में जाना समाज की दृष्टि में ठीक नहीं माना जाता था।

प्रश्न : आपकी सफलता में आपके पति का कितना योगदान रहा?

उत्तर : मेरे पति का मेरी हर कामयाबी में भरपूर योगदान रहा। मेरी हर सफलता को वे अपनी सफलता मानते हैं।

प्रश्न : 'आपकी कचहरी' के माध्यम से जनता से सीधे संवाद करने का आपका अनुभव कैसा रहा?

उत्तर : इस कार्यक्रम के माध्यम से हमें एक सामाजिक जरूरत का पता लगा कि आज देश को ऐसे ही फोरम की जरूरत है। वे चाहते हैं कि कोई तुरंत न्याय वाले माध्यम से उनकी कोई मदद करे। ऐसा कोई फोरम हो, जिसमें एक ही सुनवाई के भीतर लोगों को त्वरित न्याय मिले। आज यह कार्यक्रम लोगों को न्याय दिलाने का एक माध्यम बन रहा है।

प्रश्न : क्या आपको ऐसा लगता है कि भारतीय न्याय प्रणाली की सुस्तैल व्यवस्था के कारण कई वर्षों तक न्यायालयों में ही प्रकरण लंबित पड़े रहते हैं और लोग न्याय की गुहार करते-करते ही अपने जीवन का आधा समय व्यतीत कर देते हैं?

उत्तर : यह हकीकत है कि बहुत ज्यादा मामले लंबित हैं व न्यायालय में मुकदमों की सुनवाई में सालों लग जाते हैं। सीनियर ज्यूडिशरी ने भी इसे स्वीकारा है कि हमारे यहाँ अदालतों में बहुत एरियर्स हैं। लोगों को विश्वास नहीं है कि उन्हें न्याय मिल ही जाएगा। इसलिए वे दूसरे रास्ते ढूँढ़ते हैं और उनको कुछ मिलता नहीं है। कोर्ट में मुकदमे बहुत अधिक हैं और उनकी सुनवाई करनेवाले जजों की संख्या बहुत कम है, इसीलिए तो वर्तमान में लोक अदालत की लोकप्रियता बढ़ रही है, लेकिन आज भी बहुत सारी ऐसी 'बिजली अदालत' और 'लोक अदालत' की जरूरत है।

प्रश्न : जिस तरह से आपके प्रयासों से तिहाड़ जेल 'तिहाड़ आश्रम' में बदल गई, क्या आप मानती हैं कि आज देश की हर जेल को भी तिहाड़ जेल की तरह आश्रम बनाना चाहिए?

उत्तर : जो हमने तिहाड़ जेल में किया, वह सब देश की हर जेल में हो सकता है। इसके लिए आवश्यकता है कि स्वयंसेवी संस्थाओं को इस कार्य में जोड़ा जाए। जितनी ज्यादा स्वयंसेवी संस्थाएँ इस पुनीत कार्य से जुड़ेंगी, उतना ही अधिक सुधार होगा तथा कैदियों को शिक्षा के साथ स्वावलंबन के अन्य कार्यों का भी प्रशिक्षण मिलेगा। इससे उनकी आपराधिक प्रवृत्तियों पर अंकुश लगेगा।

प्रश्न : आज भी भारतीय महिलाएँ पिछड़ी हैं। उन पर अत्याचार हो रहे हैं। इसके पीछे क्या कारण हैं?

उत्तर : उनकी परवरिश ठीक नहीं है। कहीं स्कूल दूर है, तो कहीं उन्हें रोजगारोन्मुखी प्रशिक्षण नहीं मिल पा रहा है। वे जो पढ़ना चाहती हैं, वह पढ़ नहीं पाती हैं। वे जो काम करना चाहती हैं, कर नहीं पाती हैं। इस प्रकार वे मजबूर होकर कामकाज में ही अपनी सारी जिंदगी गुजार देती हैं। आज शादी ही भारतीय महिलाओं के जीवन का एक आधार है, जो कि नहीं होना चाहिए। अगर शादी सफल हुई तो उनका जीवन अच्छा है अन्यथा बरबाद है।

प्रश्न : आपके अनुसार देश का प्रधानमंत्री कैसा होना चाहिए?

उत्तर : देश का प्रधानमंत्री ईमानदार और मजबूत होना चाहिए, लेकिन उसके पीछे मैजोरिटी भी होनी चाहिए। अगर मैजोरिटी नहीं है या उस पर ऐसे गठजोड़ हैं, जो हर चीज पर कभी 'हाँ' और कभी 'न' करे तो वैसी सरकार क्या चलेगी। तो यह गणित नहीं है। यदि वह खुद ही असुरक्षित हो, उसके पास नंबर ही नहीं हो, गणित ही नहीं हो तो वह क्या करेगा। प्रधानमंत्री के पीछे आइडियोलॉजी और सशक्त पार्टी होनी चाहिए।

प्रश्न : आपने राजनीति में रुचि क्यों नहीं ली?

उत्तर : क्योंकि मेरी इसमें रुचि नहीं है। पब्लिक लाइफ में मेरी रुचि शत प्रतिशत है, लेकिन पॉलीटिकल लाइफ में बिलकुल नहीं है।

संपादकीय नोट : और किरण बेदीजी का स्टेटमेंट...तत्कालीन प्रधानमंत्री के भाषण पर "श्री मनमोहन सिंहजी का भाषण सुना, जिस तरह से वे नीचे मुंडी डालकर बोल रहे थे, ऐसा लग रहा था कि एक सरकारी बाबू अपने साहब के सामने कोई सरकारी पत्र पढ़कर सुना रहा है। ये काम तो कोई रेडियो का उद्घोषक भी कर सकता है। अगर प्रधानमंत्री को ऐसा ही भाषण देना था तो बेहतर था कि दूरदर्शन के स्टूडियो मे बैठकर दे देते, कम-से-कम रीटेक कर के भाषण को थोड़ा ठीक किया जा सकता था। प्रधानमंत्रीजी आपका

ध्यान और योग से किरण को मिलती है ऊर्जा और प्रेरणा

भाषण सारी दुनिया देख रही थी और आपने फिर से एक कमजोर संदेश दे दिया।''

किरण बेदी ने तत्कालीन प्रधानमंत्री डॉ. मनमोहन सिंह की तुलना महाभारत के धृतराष्ट्र से की है। उन्होंने उनके पास विदुर का होना जरूरी बताया है। बेदी ने अपने ट्वीट में पीएम और उनकी दागी टीम पर आरोप लगाए कि वे कभी मजबूत न्यायिक प्रणाली नहीं लागू करेंगे। बेदी का यह आरोप तत्कालीन केंद्रीय विधि मंत्री सलमान खुर्शीद के उस बयान की प्रतिक्रिया था, जिसमें टीम अन्ना के अभियान को निजी बताया था। इस वाक्‌युद्ध में भाजपा और माकपा भी कूद चुकी थी। भाजपा ने टीम अन्ना की माँग का समर्थन करते हुए संप्रग सरकार के खिलाफ भ्रष्टाचार के आरोपों की जाँच की माँग की थी। पार्टी के अनुसार, बेशक नेता के रूप में मनमोहन ईमानदार व्यक्ति हैं, लेकिन भ्रष्टाचार की आँच तो उन तक पहुँचेगी ही।

किरण बेदी ने ट्वीट किया था, ''पीएमओ ने पीएम को क्लीन

चिट दे दी। क्या महाभारत में द्रौपदी के चीरहरण के बाद भी धृतराष्ट्र ने कौरवों का साथ नहीं दिया था।'' धृतराष्ट्र के पास विदुर थे, जो उन्हें धर्म पर चलने की सलाह देते थे, लेकिन हमारे धृतराष्ट्र 'प्रधानमंत्री' का विदुर कौन है? हमारे पीएम को भी एक विदुर की जरूरत है, जो उन्हें बताए कि अन्ना अपने लिए नहीं बल्कि देश के लिए काम कर रहे हैं।''

□

पुरस्कार और सम्मान

किरण बेदी को अनेक सामाजिक पुरस्कारों से अलंकृत जा चुका है। उनके मानवीय कार्यों के लिए दिसंबर 2013 में सिंगापुर में 'नोमुरा पुरस्कार' से सम्मानित किया गया। इस पुरस्कार के तहत 10,000 डॉलर की राशि दी गई। बेदी ने पुरस्कार राशि को कैदियों के बच्चों की शिक्षा के लिए दान देने का फैसला किया है। 'इम्प्रूविंग द वर्ल्ड फोर फ्यूचर जेनरेशन' के लिए जापान के नोमुरा ग्रुप की ओर से यह पुरस्कार श्रीमती बेदी को दिया गया। यह ग्रुप अग्रणी वित्तीय सेवा समूह है।

किरण बेदी को विश्व मादक द्रव्य विरोधी महासंघ के बोर्ड (डब्ल्यूएफएडी) में एशिया क्षेत्र से सदस्य भी चुना गया है। उन्हें स्टॉकहोम में 2013 में एक बैठक में बोर्ड के लिए सर्वसम्मति से चुना गया था। उन्हें अपने गैर-सरकारी संगठन 'नवज्योति' के जरिए मादक द्रव्यों पर नियंत्रण को लेकर काम करने के लिए यह सम्मान दिया गया है। डब्ल्यूएफएडी का गठन 2009 में किया गया था। यह गैर-सरकारी संगठनों और सामाजिक कार्यकर्ताओं का समूह है। इसका लक्ष्य विश्व को मादक द्रव्यों से मुक्त करने का है।

अपने जीवन में किरण बेदी अपनी पुलिस सेवा के क्षेत्र में कामयाबी की एक और उड़ान भर चुकी हैं। उन्हें संयुक्त राष्ट्र शांति रक्षा विभाग में नागरिक पुलिस सलाहकार के रूप में कार्य करने का भी मौका मिला, जिस पर उन्होंने तीन साल काम करके कुछ नया कर गुजरने की प्रेरणा सारे समाज को दी है।

उस समय किरण बेदी दिल्ली पुलिस में विशेष आयुक्त के रूप में

कार्यरत थीं। संयुक्त राष्ट्र में यह ओहदा सँभालने वाली वे पहली महिला बनीं। उन्होंने संयुक्त राष्ट्र जैसी संस्था में काम करने का मौका मिलने पर कहा था, "संयुक्त राष्ट्र जैसे संगठन में जाने का मौका मिलना तो सचमुच सौभाग्य की बात है। मैं सचमुच बहुत उत्साहित महसूस कर रही हूँ।"

किरण बेदी कहती हैं, "उनकी सेवा का दायरा देश से बढ़कर विश्व स्तर पर हो गया है। अब तो विश्व सेवा करने का मौका मिल रहा है। विश्व शांति के लिए कुछ कर सकूँ, इससे बढ़कर मेरे लिए गौरव और गर्व की बात भला क्या हो सकती है!"

किरण बेदी बताती हैं कि संयुक्त राष्ट्र के शांति मिशन के नागरिक पुलिस विभाग के करीब 5333 अधिकारी 67 देशों में शांति स्थापना के प्रयासों में सहयोग दे रहे हैं और उन्हें संयुक्त राष्ट्र के शांति मिशन में काम करने का अवसर एक दुर्लभ अवसर रहा है।

लक्ष्य के बारे में किरण बेदी कहती हैं कि मैं अपने सामने कोई बड़ा लक्ष्य या मंजिल लेकर नहीं चलती हूँ।

उनका कहना है कि मेरे सामने जो अब है, जो आज है, वही मेरा लक्ष्य और फर्ज है। उसे पूरा करने के लिए मैं पूरी ईमानदारी, गंभीरता और

सक्षमता के साथ प्रयास करती हूँ। किरण बेदी मानती हैं कि उनकी कामयाबी से भारत में महिलाओं की छवि सुधारने में मदद मिलेगी और महिलाएँ पुलिस सेवा के लिए प्रेरित होंगी।

किरण बेदी को उनकी उल्लेखनीय सेवाओं के लिए कई राष्ट्रीय व अंतरराष्ट्रीय पुरस्कारों से नवाजा गया। इनमें से प्रमुख पुरस्कार निम्न हैं–

- प्रेसीडेंट गैलेंट्री अवॉर्ड (1979)।
- इटली का वीमेन ऑफ दि ईयर अवॉर्ड (1980)।
- नॉर्वे के संगठन इंटरनेशनल ऑर्गेनाजेशन ऑफ गुड टेंपलर्स का ड्रग प्रिवेंशन एवं कंट्रोल के लिए दिया जाने वाला एशिया रीजन अवॉर्ड (1991)।
- महिला शिरोमणि अवॉर्ड (1995)।
- फादर मैचिस्मो ह्यूमेटेरियन अवॉर्ड (1995)।
- प्राइड ऑफ इंडिया (1999)।
- मदर टेरेसा मेमोरियल नेशनल अवॉर्ड (2005)।
- अमरीकी मॉरीसन-टॉम निटकॉक अवॉर्ड (2001)।

- जर्मन फाउंडेशन का जोसफ ब्यूज अवॉर्ड आदि प्रमुख हैं।
- कल्पना चावला अवॉर्ड (2010)।
- समाज-सेवा में डॉक्टर की मानद उपाधि (2013)।
- इन सभी पुरस्कारों के अलावा किरण बेदी को सराहनीय सेवा के लिए सन् 1994 में एशिया का नोबेल पुरस्कार कहे जाने वाले 'रेमन मैग्सेसे पुरस्कार' से भी नवाजा गया।
- सन् 2005 में किरण बेदी को 'डॉक्टर ऑफ लॉ' की उपाधि से सम्मानित किया गया।

□

किरण बेदी के अनमोल विचार

समृद्ध आधुनिक पलस्तर सबसे पुराने पेशे को फलने-फूलने देगा? और जब सौदा बुरा होगा तो महिलाएँ बेईमानी होने का रोना रोएँगी।

❁

हम बदलाव की शुरुआत अपने घरों, आस-पड़ोस, बस्तियों, गाँवों और स्कूलों से कर सकते हैं।

❁

वह कितनी बड़ी राष्ट्रीय क्रांति होगी, अगर हममें से हर कोई खुद को शासित करने लगे।

❁

आगे बढ़ने के लिए खुद से चुने गए अभ्यास ही मुख्य हैं।

❁

जो लोग समय रहते अपने जीवन का चार्ज नहीं ले लेते, वे समय द्वारा लाठी चार्ज किए जाते हैं।

❁

शासक और शासित के बीच की दूरी कम किए बिना भ्रष्टाचार को नहीं मिटाया जा सकता।

❁

दुनिया में कहीं भी आतंकवाद मानवता के लिए खतरा है।

❁

मौजूदा दृष्टिकोण में प्रबल बदलाव के बिना अच्छे संबंध नहीं बन सकते।

❁

आचार संहिता, शालीनता और नैतिकता ही मनुष्य के असली सैनिक हैं।

❁

उस शिक्षा का क्या मोल है, जो हमारे अंदर गलत को सही करने का जुनून और निडरता न पैदा कर सके?

❁

मेरे एजेंडे में कुछ भी बाकी नहीं है। मैं जिस दिन जो कुछ कर सकती हूँ, करती हूँ। आसान है! अगर मुझे आज मरना होता तो मैं कोई काम बाकी छोड़कर नहीं मरती।

❁

काम मुझे 'खुशी' देता है और हर एक शुरुआत स्वयं की खोज का एक रास्ता है।

❁

कविता का बाना पहनकर सत्य और भी चमक उठता है।

❁

जाति, धर्म अलग-अलग हो सकते हैं और इबादत करने के तरीके भी भिन्न हो सकते हैं, लेकिन ईश्वर एक है।

❁

जोखिम उठाएँ—यदि आप जीत जाते हैं, तो आप प्रसन्न होंगे, यदि आप हार जाते हैं, तो समझदार बन जाएँगे।

❁

यदि आप कम धन में सुख का अनुभव करना नहीं जानते, तो कुबेर का खजाना भी आपको सुखी नहीं बना सकता।

❁

मुझे सुयश नहीं, ऐसे साधन चाहिए, जिनमें मैं पीड़ितों की सेवा कर सकूँ, क्योंकि समाजसेवा ही मेरे लिए सुयश है।

❁

आलोचना से बचने का अचूक शस्त्र स्वयं को सुधार लेना है।

❁

जो गलतियों से सीख नहीं लेता, उसका सुधार परमेश्वर भी नहीं कर सकता।

❁

सुधार अपने से ही प्रारंभ होने चाहिए और वहीं तक सीमित भी रहने चाहिए, क्योंकि आत्म-सुधार ही परमेश्वर के मिलने का रास्ता है।

❁

सबसे अधिक ज्ञानी वही है, जो अपनी कमियों को समझकर उनका सुधार कर सकता है।

❁

मैंने हमेशा से अपने अंदर वंचित लोगों के लिए जीने और सेवा करने का उत्साह पाला है।

❁

सोच-विचार करना, योजनाएँ बनाना बहुत से लोगों का काम होता है, पर निष्पादन एक ही व्यक्ति करता है।

❁

उलटी नहर में तैरना जरा मुश्किल होता है, पर आप उस जगह पहुँच जाते हैं, जहाँ कोई और नहीं पहुँच सकता।

❁

जो अपनी नीतियों पर दृढ़ रहता है, वह अपने कार्य में अवश्य सफल होता है।

❁

सच्चा नेता वही है, जो दूसरों के दुःख-दर्द को जानता हुआ उन्हें दूर करने का प्रयास करता है।

❁

इस राष्ट्र को ऐसे नेताओं की आवश्यकता है, जो जानते हैं कि इस देश की क्या आवश्यकताएँ हैं। वही देश का अच्छा नेतृत्व कर सकते हैं और तुम्हारा भला भी।

❁

यदि नेता परोपकारी है, तो वह इस दुनिया में ईश्वर का प्रतिनिधि होता है।

❁

किसी भी व्यक्ति के मस्तक पर नेतृत्व की पट्टिका चिपकने से वह नेता नहीं बन जाता। नेता के लिए विशेष स्वभाव चाहिए, विशेष गुण चाहिए।

❁

नैतिकता एक बहुमूल्य व्यसन है।

❁

जो नैतिकता की बात तो करता है, लेकिन नैतिक शिक्षाएँ स्वयं के जीवन में धारण नहीं करता, वह इनसान नहीं शैतान होता है।

❁

जहाँ जाइए, प्यार फैलाइए, जो भी आपके पास आए, वह और भी खुश होकर लौटे।

❁

सेवा और प्रेम हर मौसम में उगने वाले पुष्प हैं। वे हर हाथ की पहुँच के भीतर हैं।

□

स्वच्छ, स्वस्थ और शिक्षित भारत

दशकों पुरानी बात है, सड़क के किनारे कुछ बालक कूड़ा बीन रहे थे, तभी एक गाड़ी वहाँ आकर रुकी और उसमें से एक मैम साहब उतरीं। उसने एक बालक को संकेत से पास बुलाया और पूछा, ''तुम कूड़ा क्यों बीन रहे हो? तुम्हारे माता-पिता तुम्हें पढ़ाते नहीं?''

''हमारे माता-पिता गरीब हैं।'' बालक ने उत्तर दिया।

''कहाँ रहते हैं तुम्हारे माँ-बाप?''

''यहीं पास ही झुग्गी-झोंपड़ी में।''

''मुझे उनके पास ले चलो।''

''जी मैम!''

और बालक उस मैम साहब को अपनी माँ के पास ले गया।

मैम ने पूछा, ''आप लोगों को शर्म नहीं आती, बच्चों से कूड़ा बीनने का काम करवाते हो, इन्हें कोई बीमारी हो गई तो?''

''घर का खर्च भी तो चलाना है, मैडम!''

''क्यों, तुम्हारे शौहर नहीं चलाते घर का खर्च?''

''वह तो हमें छोड़कर चले गए।''

''क्यों?''

''सारा दिन नशे में धुत्त रहते थे और एक दिन नशा करके गए तो फिर लौटे ही नहीं।''

''ओह!'' मैम ने कहा, ''अच्छी बात है, मैं तुम्हारे लिए कुछ अवश्य करूँगी। मैं चाहती हूँ कि तुम थोड़ा पढ़ लो, ताकि अपने बच्चों को भी कामयाब बना सको।''

"मैं और इस उम्र में पढ़ाई? मजाक करती हो, मैमसाहब!"

"अरे मजाक नहीं, मैं तुम्हारी पढ़ाई की व्यवस्था करूँगी।"

"जी मैमसाहब!"

और कुछ ही दिनों बाद इस मैमसाहब ने ऐसे ही बच्चों की शिक्षा के लिए कदम उठाए और बेसहारा औरतों के लिए आजीविका के साधन उपलब्ध कराए। इस काम के लिए एक स्वयंसेवी संस्था की स्थापना भी की। यह मैमसाहब और कोई नहीं, भारत की लौह महिला किरण बेदी ही थीं।

सन् 1987 में किरण बेदी ने 'नवज्योति' तथा 1994 में 'इंडिया विजन फाउंडेशन' नामक संस्थानों की शुरुआत की। इनके माध्यम से उन्होंने नशाखोरी पर अंकुश लगाने तथा गरीब व जरूरतमंद लोगों की मदद करने जैसे काम शुरू किए, जो आज भी सक्रियता के साथ काम कर रहे हैं। ये संस्थाएँ रोजाना हजारों गरीब बेसहारा बच्चों तक पहुँचकर उन्हें प्राथमिक शिक्षा तथा स्त्रियों को प्रौढ़ शिक्षा उपलब्ध कराती है।

'नव ज्योति संस्था' नशामुक्ति के लिए इलाज करने के साथ-साथ झुग्गी बस्तियों, ग्रामीण क्षेत्रों में तथा जेल के अंदर महिलाओं को व्यावसायिक प्रशिक्षण और परामर्श भी उपलब्ध कराती है। डॉ. बेदी तथा उनकी संस्थाओं को आज अंतरराष्ट्रीय पहचान तथा स्वीकार्यता प्राप्त है। नशे की रोकथाम के लिए इस संस्था को संयुक्त राष्ट्र संघ की ओर से 'सर्ज सॉइटीरॉफ मेमोरियल अवार्ड' से भी सम्मानित किया गया है।

2014 में डीएवी फोरम की ओर से बाल अधिकार के मुद्दे पर इंडिया हैबिटेट सेंटर में एक दिवसीय सम्मेलन में किरण बेदी ने कहा था कि आज वे उपाय करने जरूरी हैं, जिनसे कि किस तरह से बाल अधिकारों का उल्लंघन रोका जाए और इसके लिए क्या-क्या उपाय किए जाएँ? शिक्षाविदों, सामाजिक कार्यकर्ताओं, डीएवी परिवार के प्रतिनिधियों ने इस सम्मेलन में भाग लिया था।

उन्होंने कहा था कि दहेज प्रथा, कन्या भ्रूण-हत्या के खिलाफ जोर-शोर से अभियान चलाया जाना चाहिए। किरण बेदी ने बाल अधिकारों के बारे में विस्तार से बताया और समाज को जागरूक करने

पर जोर दिया। उन्होंने इस अवसर पर जो कहा, वह इस प्रकार है–

"बच्चों के अधिकारों को लेकर कोई गंभीर नहीं है। हर कोई बच्चों पर अपना अधिकार जमाना चाहता है। बात चाहे सफर की हो, स्कूल की हो या फिर उसके भरण-पोषण की, हर जगह बच्चों के अधिकारों को अनदेखा किया जाता है। एक बार शर्माजी अपने परिवार के साथ रिजर्व्ड टिकट पर ट्रेन में सफर कर रहे थे। डिब्बे में जो भी यात्री आता, बच्चों की सीट पर निगाह गड़ाए रखता। किसी ने कहा कि बच्चों की टिकट ली है क्या? किसी ने कहा, बच्चे को गोद में ले लो। किसी ने कहा, मैं आपके बच्चे को गोदी में बिठा लूँगा, बस आप मुझे सीट दे दो। ऐसे कई मौके आते हैं, जब बच्चों के अधिकारों को लेकर लोगों के नजरिए में बदलाव देखा जाता है, जो कानूनन गलत है।"

यूनाइटेड नेशन द्वारा जारी चाइल्ड राइट्स कन्वेनशन पर सभी देशों ने हस्ताक्षर किए हैं, भारत भी उनमें से एक है। इसके अलावा भारतीय संविधान और राइट टू एजुकेशन जैसे अधिकारों ने बच्चों के हितों और हकों की हिफाजत के लिए बहुत से दिशा-निर्देश जारी किए हैं। इसके तहत–

- सभी बच्चों के लिए बेहतर और जरूरी मेडिकल सुविधा (टीके आदि भी), अपंगता है तो विशेष सुविधा, स्वच्छ पानी, पौष्टिक आहार, स्वस्थ रहने के लिए साफ वातावरण आवश्यक है। सरकार को ये सुविधाएँ उपलब्ध हों, यह सुनिश्चित करना चाहिए।
- सभी बच्चों को 14 वर्ष की उम्र तक प्राथमिक शिक्षा मुफ्त उपलब्ध हो।
- स्कूलों में बच्चों के शारीरिक व बौद्धिक विकास करने के साथ-साथ ऐसा कुछ न किया जाए, जिससे उनकी गरिमा को ठेस पहुँचे।
- बच्चों को अपने परिवार की भाषा और तौर-तरीके सीखने का पूरा अधिकार है। जो परिवार अपने बच्चों का भरण-पोषण करने में असमर्थ हों, उसको आर्थिक सहायता उपलब्ध कराना

सरकार का दायित्व है।

- बच्चों को शारीरिक शोषण व खतरनाक ड्रग्स से दूर रखना और उनकी सुरक्षा सुनिश्चित करना माता-पिता के साथ-साथ सरकार की भी जिम्मेदारी है।
- राइट टू एजुकेशन ऐक्ट-2009 के तहत डॉक्यूमेंट्स के अभाव में किसी बच्चे को एडमिशन देने से नहीं रोका जा सकता है।
- एडमिशन के नाम पर बच्चे का टेस्ट नहीं लिया जा सकता।
- एडमिशन का चक्र पूरा हो जाने के नाम पर बच्चे को एडमिशन के लिए मना नहीं किया जा सकता।
- सभी प्राइवेट स्कूलों के लिए आवश्यक है कि वे एडमिशन के लिए अपनी कुल उपलब्ध सीटों का 25 प्रतिशत आर्थिक रूप से कमजोर व पिछड़े वर्ग के बच्चों के लिए आरक्षित रखें। इस कोटे की कोई भी सीट खाली नहीं बचनी चाहिए तथा सीटों के लिए बच्चों का चयन रैंडम आधार पर किया जाना आवश्यक है।
- बड़ों को चाहिए कि वे बच्चों के विषय में निर्णय लेने से पहले उनका पक्ष भी जानें।
- बच्चे से अपराध होने की स्थिति में उनके साथ निर्दयता से पेश नहीं आना चाहिए।
- सरकार का दायित्व है कि वह सुनिश्चित करे कि उन्हें कोई अगवा न कर सके। इस स्थिति में सुरक्षा सुनिश्चित करनी चाहिए।
- 14 वर्ष से कम आयु के किसी भी बच्चे को फैक्टरी, माइंस और अन्य किसी भी खतरनाक काम में लगाया नहीं जा सकता है।

इस सम्मेलन में जो कुछ तय किया गया है, उसे बाद में भारत सरकार के पास विचार-विमर्श के लिए भेजा गया, ताकि बाल अधिकारों को लेकर ठोस नीति बनाई जा सके।

स्वच्छ, स्वस्थ और शिक्षित भारत को देखना किरण बेदी का सपना रहा है। अपनी स्वयंसेवी संस्था के माध्यम से किरण बेदी ने

गरीब बस्तियों के आसपास अनेक बार निशुल्क स्वास्थ्य शिविर लगाए और गरीब एवं मलिन बस्तियों की साफ-सफाई के लिए भी लोगों को जागरूक किया। यही कारण है कि किरण बेदी की इन विशेषताओं को देखते हुए कालांतर में देश के प्रधानमंत्री श्री नरेंद्र मोदी ने सन् 2014 में देश में शुरू किए गए 'स्वच्छ भारत अभियान' से जुड़ने के लिए आमंत्रित किया।

श्री मोदी ने 26 दिसंबर, 2014 को 'स्वच्छ भारत अभियान' को देशभर में प्रचारित करने के लिए कपिल देव सहित नौ लोगों को नामित किया था, जिनमें किरण बेदी का नाम प्रमुखता से था। श्री मोदी ने इन नौ लोगों के नामों की घोषणा अपने संसदीय क्षेत्र वाराणसी में की थी। जब वहाँ उन्होंने अस्सी घाट पर चल रहे कार्य की प्रगति का जायजा लिया था। मोदी ने अभियान से जुड़ने के लिए किरण बेदी के अलावा पूर्व क्रिकेट खिलाड़ी सौरव गांगुली, मीडिया समूह इंडिया टुडे ग्रुप के अरुण पुरी, मीडिया इनाडु ग्रुप के रामोजी राव, इंडियन चार्टर्ड अकाउंटेंट इंस्टीट्यूट, मुंबई के डिब्बेवाले, नृत्यांगना सोनल मानसिंह और नगालैंड के राज्यपाल पद्मनाभ को नामित किया है।

□

पुडुचेरी का कायाकल्प करनेवाली उप-राज्यपाल

4 जून, 2016 की घटना है। पुडुचेरी में उस दिन शाम का समय था। मुख्य सड़क से तो गाड़ी सरपट दौड़ती आ गई, क्योंकि यातायात पुलिस ने उस विशेष गाड़ी को पहले जाने के लिए आम लोगों के वाहनों को जहाँ थे, वहीं रोक दिया था, लेकिन जैसे ही गाड़ी एक भीड़वाले सँकरे मार्ग से गुजरी तो वहाँ की सड़क के दोनों ओर सब्जी बेचनेवालों की रेड़ियाँ लगी थीं। लाल बत्ती लगी गाड़ी को आगे बढ़ने के लिए रास्ता नहीं मिल रहा था, तो उसका चालक बार-बार हॉर्न बजाकर गाड़ी आगे बढ़ाने का प्रयास कर रहा था। उसके आगे पुलिस की गाड़ी सायरन बजा रही थी।

अंदर बैठी अति विशिष्ट महिला ने देखा कि एक रेड़ीवाले के पास एक छोटी सी बालिका बैठी पढ़ रही है और जब हॉर्न व सायरन बज रहा था तो बालिका के हाथ से किताब गिर गई थी और उसने अपने दोनों हाथ कानों पर रख लिये थे। पास ही सब्जी खरीदनेवालों को भी दिक्कत हो रही थी।

वह अति विशिष्ट महिला आगे बढ़ गई, लेकिन उसकी आँखों के सामने उस बालिका का चेहरा बार-बार आ जाता और उसे एहसास होने लगा कि वी.आई.पी. सायरन के प्रयोग से न केवल लोगों को दिक्कत होती है, वरन् इससे तो मासूम बालकों और छात्रों की शिक्षा पर भी असर पड़ता है।

वह अति विशिष्ट महिला और कोई नहीं, वरन् पुडुचेरी की नई उप

राज्यपाल किरण बेदी थीं।

किरण बेदी पुडुचेरी के उपराज्यपाल का पद सँभालते ही सक्रिय हो गई थीं। उन्होंने बहुत ही मंथन के बाद आदेश जारी करते हुए कहा, "एंबुलेंस व फायर सर्विस के अलावा किसी भी गाड़ी में सायरन का प्रयोग नहीं होगा।"

यही नहीं, यह आदेश उन्होंने सुरक्षा में लगाए गए एस्कॉर्ट पर लागू किया। 5 जून, 2016 को जारी किए आदेश में कहा गया कि सिर्फ इमरजेंसी सर्विस, जैसे एंबुलेंस और फायर ब्रिगेड की गाड़ी में ही सायरन का प्रयोग किया जा सकेगा। यही नहीं, आदेश में वी.आई.पी. काफिले की गाड़ी में एंबुलेंस या फायर इंजन है, ऐसी स्थिति में भी सायरन का प्रयोग नहीं किया जाएगा।

बेदी ने अपने आदेश में कहा, "राजनेताओं को विशेष अधिकार की अपेक्षा नहीं करनी चाहिए। सड़क पर निकलते वक्त नेताओं की वजह से ट्रैफिक रोका जाता है, जिसके चलते आम लोगों को दिक्कतों का सामना करना पड़ता है और उनकी आजादी भी छिनती है।"

लेफ्टिनेंट गवर्नर द्वारा जारी आदेश में कहा गया कि पुलिस यह सुनिश्चित करे कि किसी भी वी.आई.पी. की वजह से सड़क पर चलनेवालों को किसी भी प्रकार की दिक्कत न हो।

बेदी ने इस घटना से एक हफ्ते पहले ही पुडुचेरी के लेफ्टिनेंट गवर्नर का पद सँभाला था। राष्ट्रपति प्रणब मुखर्जी ने रविवार (22 मई, 2016) को किरण बेदी को पुडुचेरी का नया गवर्नर घोषित किया था। किरण बेदी ने लेफ्टिनेंट जनरल अजय कुमार सिंह की जगह ली थी। यह 29 मई, 2016 की बात है, जब किरण बेदी ने नई जिम्मेदारी की शपथ ग्रहण की। लेकिन यहाँ भी उन्होंने अपना आदर्श जीवन ही प्रस्तुत किया।

दरअसल, इस दौरान चुनाव जीतकर आए नए विधायक एल.जी. से मुलाकात कर रहे थे, उनका स्वागत कर रहे थे और इस मुलाकात के दौरान कुछ ऐसा हुआ कि किरण बेदी ने कांग्रेस की एक वरिष्ठ महिला विधायक के पैर छुए।

दरअसल, मुख्यमंत्री वी. नारायणसामी ने कांग्रेस की एक वरिष्ठ महिला विधायक को किरण बेदी से मिलवाया।

किरण बेदी का सम्मान करते हुए कांग्रेस की वरिष्ठ विधायक ने उन्हें शॉल पहनाई और उसके बाद उनके पैर छूने के लिए झुक गईं। महिला

विधायक को ऐसा करते देख किरण ने पहले उन्हें मना किया। और फिर खुद ही उस वरिष्ठ महिला एम.एल.ए. के पैर छू लिये, "कृपया आप ऐसा न करें, भले ही पद में आप मुझसे छोटी हों, लेकिन अनुभव और उम्र में आप मेरी माँ जैसी हैं। सम्मान दिल से होता है, दिखावे से नहीं।"

निस्संदेह किरण बेदी ने ऐसा कर पॉलिटिक्स में पैर छूने के कल्चर के खिलाफ सख्त संदेश दिया।

किरण पुडुचेरी की 22वीं लेफ्टिनेंट गवर्नर बनीं और बनते ही उन्होंने अपने मन की बात भी लोगों से शेयर करते हुए कही, "यह मेरे लिए लोगों की सेवा करने का मौका है। यह मेरे लिए एक बहुत बड़ा मौका और एक बड़ी जिम्मेदारी है। यहाँ किसी चीज को मिस नहीं कर रही हूँ, मेरे लिए वो जरूरी है, जो मेरे सामने है। आप स्केल बढ़ाते रहो तो आप अपने आपको चैलेंज कर सकते हो; मैं किसी चीज (राजनीति) को मिस नहीं करूँगी। मेरे लिए वो जरूरी है, जो मेरे सामने है। विरोधियों ने यह एक्सपीरियंस तो किया नहीं है, वे तो उसी के बारे में बोलेंगे, जो उन्होंने किया है।"

शपथ लेने के बाद से ही किरण बेदी पुडुचेरी के उत्थान के लिए जी-जान से जुट गईं।

वे झूठे आश्वासनों में विश्वास नहीं रखतीं, इसलिए जो कहती हैं, करके दिखा देती हैं। ऐसा ही उन्होंने यहाँ के एक पर्यटन-स्थल के लिए किया। दरअसल, उप-राज्यपाल किरण बेदी ने रविवार 26 जून, 2016 को वेलरामपेट झील का भ्रमण किया और आश्वासन दिया कि इसे पर्यटन-स्थल के रूप में विकसित किया जाएगा। इसके बाद पुडुचेरी निगम के कर्मचारियों ने लोक निर्माण विभाग के कर्मचारियों और वन विभाग के कर्मचारियों के अलावा निजी स्कूलों के छात्रों के साथ झील में सफाई-अभियान चलाया। बेदी ने छात्रों के साथ बातचीत की और कहा कि इस सफाई-अभियान में शामिल छात्रों को विशेष पुरस्कार भी दिया जाएगा।

किरण बेदी ने कहा कि इस झील को साफ किया जाएगा, इसे गहरा किया जाएगा तथा इसकी घेराबंदी की जाएगी और इसके बाद इसे 26 अगस्त से पूर्व पर्यटन-स्थल के रूप में विकसित किया जाएगा।

और फिर उन्होंने अपना वादा निभाते हुए उस झील को पर्यटन-स्थल के रूप में तय समय से पहले विकसित कराया।

'स्वच्छ भारत अभियान' में उन्होंने पुडुचेरी में मिसाल कायम की। खुद ही झाड़ू उठाकर साफ-सफाई में जुट जातीं और जो लोग गंदगी फैलाते, उन्हें सख्त संदेश देतीं और जो इस अभियान को परवान चढ़ाते, उन्हें प्रोत्साहन देतीं।

10 अगस्त, 2016 की बात है। दरअसल, खुले में शौच करने के खिलाफ मध्य प्रदेश के हरदा जिले में 'ऑपरेशन मलयुद्ध' के नाम से एक मुहिम चलाई गई। इसके तहत टी-शर्ट बनवाई गईं, जिनमें सफाई का संदेश देते कुछ शब्द लिखे थे। किरण बेदी इस मुहिम से प्रभावित हुईं और उनका समर्थन करते हुए दो ट्वीट कर दिए कि यह टी-शर्ट और सीटी बच्चों को गिफ्ट करने चाहिए, ताकि वे खुले में शौच करनेवालों को रोक सकें। यह तो रही प्रोत्साहन की बात, अब उनके भड़कने की बात पर भी चर्चा हो जाए। दरअसल, वे कर्मशील महिला हैं और सद्कर्म के आगे पद और प्रतिष्ठा का कोई मूल्य नहीं है। ऐसी ही घटना उनके जीवन में 23 अगस्त, 2016 को घटी।

उन्होंने पुडुचेरी सफाई-अभियान में सहयोग न मिलने से परेशान होकर कहा, "मैं यहाँ जॉब के लिए नहीं, बल्कि मिशन पर आई हूँ। यदि मिशन पूरा नहीं हुआ तो मैं वापस चली जाऊँगी। यदि आप लोगों ने पुडुचेरी को साफ बनाने में मेरी मदद नहीं की तो मैं पद छोड़ जाऊँगी।"

उन्होंने कहा, "मैंने अभी तक इस तरह कुल 20 विजिट की हैं। इस तरह की विजिट के दौरान कुछेक अधिकारी ही मेरे साथ होते हैं। कुछ सीनियर अधिकारियों और जनप्रतिनिधियों ने सहयोग करने से मना कर दिया। सड़कों को साफ करने का जिम्मा अकेले एलजी का नहीं है। यह लोगों का, जनप्रतिनिधियों और अधिकारियों का काम है।" बेदी ने कहा कि ऐसा नहीं चल सकता। वह अगले महीने तक इंतजार नहीं कर सकतीं।

दरअसल, अधिकारी कांग्रेसी मुख्यमंत्री के प्रभाव में आ रहे थे और वे एल.जी. को नजरअंदाज कर रहे थे, जबकि एल.जी. किरण बेदी तो मान-सम्मान या अपमान की सीमा से बहुत दूर जा चुकी थीं, उनका मकसद तो अपने भारत को स्वच्छ, स्वस्थ एवं सुंदर बनाना था, उनके अंदर अब इस पद पर बैठकर राजनीति करने की मंशा नहीं थी, वे तो अब आम जनता की सेवक और जिम्मेदारी निभानेवाली हो चुकी थीं। इसलिए बेदी की नाराजगी के बाद मुख्यमंत्री वी. नारायणसामी को सफाई देनी पड़ी कि उनकी सरकार और उप राज्यपाल के बीच सबकुछ ठीक चल रहा है। खुद मुख्यमंत्री को

कहना पड़ा कि सरकार और एल.जी. के समान लक्ष्य हैं। और फिर 'विश्व पर्यावरण दिवस' के मौके पर केंद्र प्रशासित शहर की सफाई के लिए निगम कर्मियों के साथ कूड़ा व गंदगी उठाने में जब उन्होंने सहयोग किया, तो सारे शहर की जनता भी नगर को साफ करने के लिए किरण बेदी के साथ निकल पड़ी और लोगों को लगा कि इस शहर के लिए बेदी निश्चय ही आशा की नई किरण हैं।

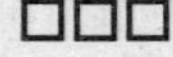